Carsten Martin

Maultaschen

Genuss in Hülle mit Fülle

Carsten Martin

Maultaschen

Genuss in Hülle mit Fülle

HamppVerlag

Bildnachweis:
S. 7: Horst Rudel; S. 26: Achim Käflein; S. 50/51: Bernd Klumpp; S. 60: Helmut Bantle;
S. 61: Baiersbronn-Touristik; S. 68: Michael Steinert.

Wir bedanken uns bei Schmid's Teig-Spezialitäten GmbH & Co. KG aus Fellbach für die freundliche Unterstützung.

4. Auflage 2010

Redaktion: Hampp Media GmbH, Stuttgart
Layout und Satz: Hampp Media GmbH, Stuttgart
Einbandgestaltung: Medienfabrik GmbH, Stuttgart
Herstellung: Andreas Weise, pws GmbH, Stuttgart
Fotografie: Fabian Silberzahn, Stuttgart
Repro: Bild und Text Baun, Fellbach
Druck und Bindung: GRASPO CZ, a.s., Zlín, Tschechische Republik

Printed in Czech Republic

ISBN: 978-3-936682-71-7

Informationen über weitere Bücher des Verlages erhalten Sie unter: www.hamppverlag.de

Inhalt

Vorwort

Dieses Buch widersteht der Versuchung, eine Theorie der Maultasche zu entwickeln, aber bietet eine Fülle von Rezepten, die wohl die ganze Breite der Maultaschenvielfalt abdeckt. Dies geschieht in einer so klaren Sprache, dass selbst ich glaube, ich könnte, dieses Buch in der Hand, Maultaschen herstellen.

Ursprünglich war ich der Meinung, unsere alamannischen Vorfahren hätten die Kunst, Maultaschen und Spätzle herzustellen, von den Römern erlernt. Die feinen Spaghetti und Makkaroni hätten sie mit ihren plumpen Fingern und großen Händen nachzuahmen versucht, und so wären die Spätzle entstanden. Außerdem glaubte ich, es seien die Ravioli gewesen, die unsere Altvorderen zu den Maultaschen inspiriert hätten. Unsere Altvorderen hätten aber erkannt, dass die Ravioli zu klein sind und dass der Verzehr einiger Ravioli auf schwäbisch nichts anderes ist, als „de Mäus pfiffe". Deshalb sei als größeres Abbild der Ravioli die Maultasche erfunden worden. Leider musste ich eines Tages einsehen, dass wesentliche Teile meiner Theorie wahrscheinlich nicht stimmen. Denn sowohl Spätzle wie Maultaschen entstammen dem chinesischen Kulturkreis und die kunstvolle Technik ihrer Herstellung ist wahrscheinlich durch den Venezianer Marco Polo zuerst nach Italien und dann in das heutige Baden-Württemberg gekommen. Der übrige, nicht widerlegte Teil der Theorie, kann so bleiben, wie er ist.

Jede große Küche, die chinesische, italienische, französische und schwäbische erfuhr ihre Verfeinerung durch das Prinzip der Resteverwertung. Und dabei spielte in Schwaben neben der Suppe die Maultasche eine tragende Rolle. Was in den ersten Wochentagen nicht verzehrt wurde, konnte gegen Ende der Woche, unter dem Teigmantel verborgen, nochmals serviert werden, wobei durch die unterschiedliche Art der Füllung ständig neue geschmackliche Varianten entstanden sind und erprobt werden konnten. Heute ist das Prinzip der Resteverwertung nicht mehr so wichtig, aber die Vielfalt ist den Maultaschen geblieben.
Dieses Buch beweist das. Ich wünsche ihm weite Verbreitung und Ihnen guten Appetit.

Ihr Manfred Rommel

Manfred Rommel,
Oberbürgermeister a. D.
der Landeshauptstadt
Stuttgart

Eine schwäbische Erfolgsgeschichte

„Beginnen wir mit den Maultaschen, sie sind für mich nicht nur das Spitzenerzeugnis der schwäbischen Küche, sie entsprechen auch dem Wesen des Schwaben. In einem unliebenswürdigen Gewand verbirgt sich ein delikater Kern. Sie schmecken hehlinge gut. Außen pfui und innen hui, überspitzt ausgedrückt. Eine leichenfarbene Hülle aus Nudelteig entsagt jedem optischen Reiz und wirkt appetitzügelnd. Aber wie köstlich ist die reiche Fülle ...“

– so beginnt Thaddäus Trolls Kapitel über die schwäbische Küche in seinem Standardwerk „Deutschland deine Schwaben“.

Und dieses schwäbische Spitzenerzeugnis hat in den letzten Jahrzehnten eine beispiellose Karriere gemacht und sich vom Resteessen und Fastengericht zum Klassiker gemausert, der das ganze Jahr auf dem Speiseplan steht. Jeder schwäbische Metzger, der was auf sich hält, bietet verschiedene Maultaschenspezialitäten an.

Darüber hinaus haben die wandlungsfähigen Teigtaschen sich auch ihren Platz in der Spitzengastronomie erobert, und hier findet man die ausgefallensten Varianten. Freilich werden sich Puristen ab und an schwer tun, anzuerkennen, dass es sich bei dem einen oder anderen Gericht noch um einen Abkömmling der schwäbischen Spezialität handelt. Wenn man dann aber die mit Wachtel, Fisch oder Wild gefüllten Täschle im Mund hat, ist die „reine Lehre“ schnell vergessen.

Es ist ganz offensichtlich: Der Siegeszug der schwäbischen Maultasche ist nicht aufzuhalten. Sie ist (nun ja, vielleicht müsste man hier gerechterweise auch noch die Spätzle erwähnen) quasi das Synonym für schwäbische Kochkunst. Und sie ist – neben dem VfB und der Automarke mit dem Stern – das, was die meisten Leute mit der Schwabenmetropole assoziieren.

So ist es auch nicht verwunderlich, dass sie als offizielle Repräsentantin Stuttgarts und auch des Landes Baden-Württemberg auf internationalen Messen und Empfängen ihren großen Auftritt hat.

Und die Maultasche hat sich nicht nur ihren festen Platz in den schwäbischen Küchen gesichert und ausgebaut, sondern sie macht auch Karriere außerhalb des Maultaschenkernlandes. Der Rubikon, in diesem Fall der Main, wurde längs überschritten und dank zahlreicher Kleinimporteure aus dem Verwandtenkreis und einer mittlerweile etablierten mittelständischen Teigtaschenindustrie (die ersten Maultaschen vom Fließband wurden in Stuttgart 1953 an Ostern verkauft) verschiebt sich der Maultaschenäquator jedes Jahr weiter nach Norden und Osten. Auch in den Kühlregalen der Bundeshauptstadt oder in gut sortierten Hamburger Lebensmittelläden wurde sie schon gesichtet, ja selbst in New York und Tokio findet man die schwäbische Spezialität.

Dieser Erfolgsgeschichte der Maultasche ist unser Buch auf der Spur: mit köstlichen Rezepten, mit Anekdoten, mit Tipps und Skurrilem, kurz mit allem, was die schwäbische Maultaschenkultur ausmacht.

Wir danken allen Köchen, die uns für dieses Buch eine Maultaschenkreation beigesteuert haben, ganz herzlich: Burhan Sabanoglu vom „Murrhardter Hof" in Stuttgart, „PfundsKur"-Koch Ewald Braden aus Filderstadt, Franz Feckl vom „Landhaus Feckl" in Ehningen, Eugen Frank vom „Flair Hotel Vier Jahreszeiten" in Bad Urach, Martin Öxle, ehemals Patron der „Speisemeisterei" in Stuttgart-Hohenheim, Karl Schempf von der „Klosterschmiede" Maulbronn, Ulrich Schilling, ehemals „Waldhorn" in Tübingen-Bebenhausen, Steffen Sonnenwald aus Wolfratshausen, Hans-Paul Steiner vom „Hirschen" in Sulzburg, dem Uhlbacher „Hasen"-Wirt Josef Stritzelberger und Harald Wohlfahrt von der „Traube Tonbach" in Baiersbronn.
Und ganz besonders gedankt sei Peter Auer, der viele der Rezepte ausprobiert, gekocht und angerichtet hat.

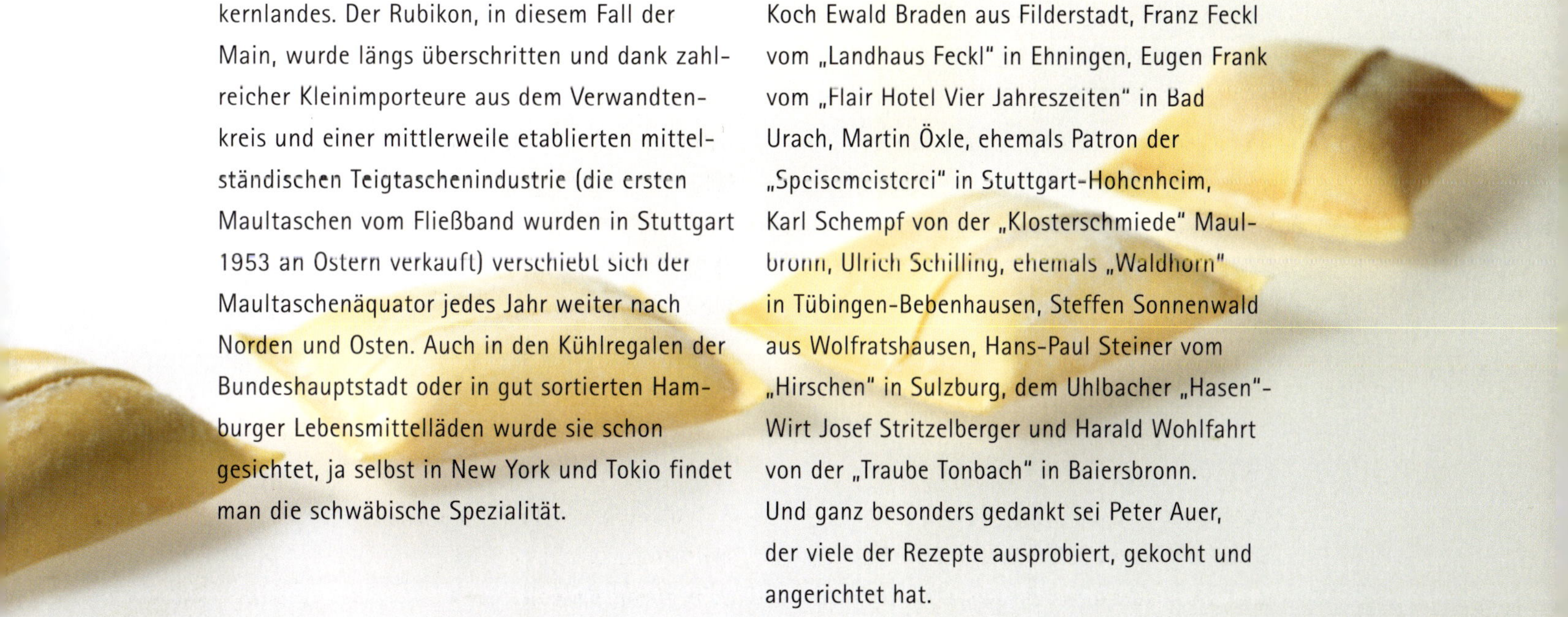

Der Name der Maultasche

Seit die schwäbischen Teigtaschen – die „Maultascha" (schwäbischer Originalton) – immer mehr ins Licht der Weltöffentlichkeit rücken, stellt sich natürlich auch immer häufiger die Frage nach ihrer Herkunft und dem Ursprung ihres Namens.

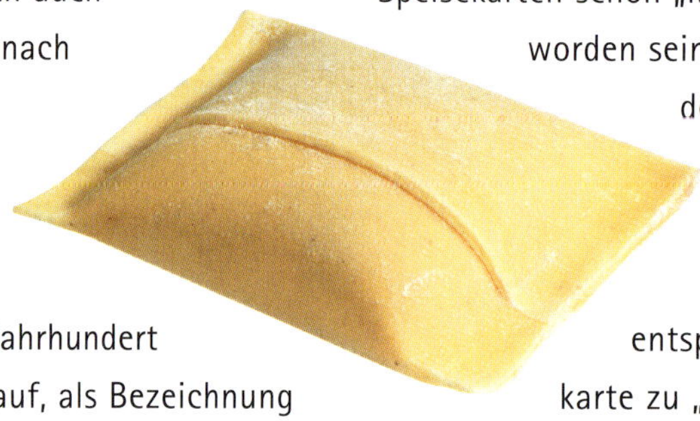

Der Name „Maultasche" taucht vermutlich im 17. Jahrhundert erstmals in Kochbüchern auf, als Bezeichnung für gefüllte Teigtaschen, die auch „Gefüllte Nudeln", „Schlickkrapfen" oder „Krapfen aus Mundmehl" (aus feinem Weißmehl) genannt wurden.

Thaddäus Troll, der profunde Kenner des Schwäbischen, meint, eigentlich müssten die Maultaschen „Maultäuscher heißen, weil sie ihre Fleischseele unter einem Nudelhemd verbergen".

Im Norden der Bundesrepublik schien man bisweilen Probleme mit der doch recht derb klingenden Bezeichnung zu haben, hier sollen auf Speisekarten schon „Mundtaschen" gesichtet worden sein. Und auch beim Besuch der englischen Königin in Stuttgart wurden die Maultaschen kurzfristig – dem vornehmen Anlass entsprechend – auf der Menükarte zu „Mundtaschen" erklärt.

Viel Kreativität bei der Suche nach einer adäquaten Übersetzung für die schwäbische Spezialität hat man im angelsächsischen Raum bewiesen: „swabian pockets", „stuffed pastry squares", „german ravioli", „king size ravioli" oder auch „filled pasta pillows" sind die Namen, die man für die Teigtaschen gefunden hat.

Von adeliger Herkunft?

Eine der zahlreichen Herkunftslegenden, die sich um die Maultasche ranken, reicht bis tief in das 14. Jahrhundert zurück. Demzufolge soll die Namensgeberin dieser schwäbischen Spezialität die 1318 als die Tochter König Heinrichs von Böhmen geborene Gräfin Margarethe sein, die auch wegen ihres vielsagenden Beinamens „Maultasch" bekannt geworden ist.

Die Gräfin, die Zeitgenossen als besonders schön beschreiben, sorgte zu ihrer Zeit für einige Skandale. So heiratete sie Ludwig von Brandenburg, obwohl ihre erste Ehe mit Prinz Johann Heinrich von Böhmen noch nicht geschieden war. Und es gab Gerüchte, denen zufolge sie sich ihres zweiten Mannes und auch ihres Sohnes durch Gift entledigt haben soll. Ob das Gift wohl in einer Maultasche versteckt war?

Diese Gerüchte hat die Geschichtsschreibung mittlerweile widerlegt. Die Bedeutung des der Gräfin von Tirol bereits zu ihren Lebzeiten zugedachten Beinamens „Maultasch" ist allerdings bis heute nicht restlos geklärt. Einige interpretieren ihn – als Anspielung auf die zahlreichen Liebesaffären der Gräfin – im Sinne von „lasterhaftem Weib", andere sehen darin einen Hinweis auf Schloss Maultasch bei Terlan.

Tatsache jedoch ist, dass man seit dem 18. Jahrhundert das Bildnis einer besonders hässlichen alten Frau, das auf eine Skizze von Leonardo da Vinci zurückgeht, mit der Tiroler Landesfürstin in Verbindung gebracht hat. Hervorstechendes Kennzeichen dieser Frau: ein verunstalteter Mund mit übergroßer herabhängender Unterlippe – eine „Maultasche" eben.

Die feine Verwandtschaft – Maultaschen & Co.

Ist die Maultasche nun eine urschwäbische Erfindung? Oder eine kongeniale Weiterentwicklung der russischen Piroggen? Oder sind ihre Vorfahren in China oder Italien zu suchen? Hat Marco Polo die delikaten Teigtaschen einstens aus Asien mit nach Europa gebracht, wo sie ihr Dasein zuerst in Italien als Ravioli fristeten, um dann über die Alpen zu uns zu kommen? Eindeutig wird sich das wohl nie klären lassen.

Doch was soll's. Denn ob schwäbische Maultaschen, chinesische Wantans oder Chiao-Tzu, russische Manty oder Vareniki, österreichische Kasnudel, italienische Ravioli, Culingiones oder Tortellini – sie alle sind, unterschieden durch Form und Inhalt, Teil der großen weltumspannenden Teigtaschen-Kultur.

Not macht erfinderisch –
oder wie die Mönche von Maulbronn die Maultasche erfanden

Die mittelalterliche Klosteranlage Maulbronn, Weltkulturerbe der UNESCO, deren Klosterschule so berühmte Geistesgrößen wie Johannes Kepler, Hölderlin und Hesse durchlaufen haben, soll auch der Ursprungsort der Maultasche sein. Ob ein Zusammenhang zwischen Genie und Maultasche besteht? – wer weiß! Jedenfalls hat sich die Mär von den Mönchen in den letzten Jahren als die populärste aller Maultaschen-Evolutionsgeschichten herauskristallisiert.

Herrenrefektorium, der Speisesaal der Mönche

Im 17. Jahrhundert, während des Dreißigjährigen Krieges, kamen die Zisterziensermönche des Klosters Maulbronn durch einen glücklichen Zufall in den Besitz eines großen Stücks Fleisch. Unglücklicherweise jedoch zur Fastenzeit. Die Ratlosigkeit war groß, der Hunger auch. Im Klostergarten waren reichlich Kräuter und Spinat zu finden, und das brachte die Klosterbrüder auf eine Idee. Sie zerkleinerten das Fleisch und vermischten es reichlich mit Grünzeug, in der Hoffnung, dass die marmorierte Masse nicht mehr als Fleisch zu identifizieren sei. Mit dem Resultat noch nicht ganz zufrieden und in dem Wissen, dass der Allmächtige alles sieht, wurde das Ganze in einem Teigmäntelchen versteckt. Eine neue Fastenspeise war geboren: die Maulbronner Teigtasche, später Maultasche und – sinnigerweise – auch „Herrgottsbscheißerle" genannt.

Die Maulbronner Maultasche

In der „Klosterschmiede“,
dem historischen Restaurant auf dem Klosterhof,
serviert Küchenmeister Karl Schempf auch heute noch
die „echten“ Maulbronner Maultaschen
und hat uns sein Rezept
dafür verraten.

Zutaten

für ca. 25 Maultaschen:
150 g gekochtes Rindfleisch
50 g geräuchter Bauchspeck
300 g gemischtes Hackfleisch
300 g feines Brät
2 Brötchen vom Vortag
500 g Nudelteig
1 kleine Stange Lauch
1 Karotte
1 EL Butter
400 g Blattspinat
1 Bund glatte Petersilie
3 Eier
1 Eigelb
Salz, Pfeffer, Muskat, Majoran

Zubereitung

Das gekochte Rindfleisch und den Speck würfeln. Den Lauch und die Karotte putzen, würfeln und in Butter andünsten. Den Blattspinat waschen, in kochendem Wasser blanchieren und anschließend kalt abschrecken. Die Brötchen in Wasser einweichen und ausdrücken.

Fleisch, Speck, Gemüse, Kräuter und Brötchen durch die feine Scheibe des Fleischwolfs drehen. Mit dem Hackfleisch, dem Brät und den Eiern gut vermengen, mit Salz, Pfeffer, Majoran und Muskat würzen.

Nudelteig dünn ausrollen, die Füllung darauf verteilen, Ränder freilassen und mit Eigelb bestreichen, Teig übereinander klappen, Maultaschen abtrennen und in kochender Fleischbrühe ca. 10–15 Minuten ziehen lassen.

Die drei Tage der Maultasche oder variatio delectat

Abwechslung erfreut – auch und vor allem in der Maultaschenküche: In der Brühe am Gründonnerstag, geschmälzt am Karfreitag, geröstet am Ostersamstag – die kulinarische Abfolge der drei klassischen Varianten der Maultasche lässt sich historisch den drei aufeinander folgenden Tagen im Kirchenjahr zuordnen.

Maultaschen in der Brühe

Am Gründonnerstag beginnt die österliche Maultaschenproduktion, die den Bedarf bis Karsamstag decken soll. Hergestellt werden in schwäbischen Haushalten also ganz beachtliche Mengen, da jedes Familienmitglied in diesen Tagen mindestens 9 Maultaschen verzehren muss oder darf.

Zutaten

für 10 Personen:
1 kg gemischtes Hackfleisch
1 kg gehackten Spinat
200 g gerauchter Speck
200 g Zwiebel
4 Eier
5 Brötchen
1 Bund Petersilie
Salz, Pfeffer
Majoran, Muskatnuss
1 kg Nudelteig (Rezept siehe Seite 26)
2 Eigelb

Zubereitung

Den gerauchten Speck und die Zwiebel fein würfeln und in einer heißen Pfanne kurz anbraten. Erkalten lassen. Die Brötchen in Wasser einweichen und ausdrücken. Petersilie fein hacken.

Hackfleisch, Spinat, Speck, Zwiebel, Brötchen, Petersilie und Eier gut vermischen und mit den Gewürzen abschmecken.

Nudelteig ausrollen, Füllung aufstreichen, dabei das obere Achtel freilassen und mit Eigelb bestreichen. Teigbahn drei- bis viermal übereinander schlagen und Maultaschen abtrennen. In kochendem Salzwasser ca. 10–12 Minuten knapp unter dem Siedepunkt ziehen lassen.

Serviert werden die Gründonnerstag-Maultaschen in einer kräftigen selbstgemachten Fleischbrühe, mit goldgelb gerösteten Zwiebelwürfeln und Schnittlauch.

Jede schwäbische Familie hat natürlich ihr ganz besonderes Maultaschenrezept. Dieses hier ist von dem türkischen Küchenchef Burhan Sabanoglu, der seit fast 40 Jahren in Stuttgart lebt und kocht und im „Murrhardter Hof", wie viele in der Schwabenmetropole meinen, „legendäre" Maultaschen auf den Teller zaubert.

Geschmälzte Maultaschen

Am Karfreitag ist für die schwäbische Hausfrau Zwiebeln schmälzen und Kartoffelsalat machen angesagt. Für diese zweite klassische Maultaschenversion werden pro Person 3 Maultaschen in der Brühe erhitzt und mit reichlich in Butter gebratenen Zwiebelringen oder -würfelchen angerichtet – in tiefen Tellern, denn meist kommt noch ein Schöpflöffel Brühe dazu. Zu Zeiten, in denen man sich offen zu seiner „Fleischeslust" bekennen darf, können die Zwiebeln noch durch gebräunte Speckwürfelchen ergänzt werden. Als Beilage ist neben Blattsalat ein schwäbischer Kartoffelsalat ein Muss.

Schwäbischer Kartoffelsalat

Zutaten für 4 Personen

1 kg Salatkartoffeln
1 große Zwiebel
Weinessig, Pflanzenöl
Salz, Pfeffer
ca. 1/4 l Fleischbrühe
Schnittlauch

Zubereitung

Kartoffeln in der Schale kochen, pellen, abkühlen lassen und in dünne Scheiben schneiden. Die feingehackte Zwiebel zugeben. Aus Essig, Öl, Salz, Pfeffer und warmer Fleischbrühe eine Marinade rühren, vorsichtig mit den Kartoffelscheiben vermischen und durchziehen lassen. Mit gehacktem Schnittlauch garnieren.

Beim Anrichten wird der Kartoffelsalat zu den geschmälzten Maultaschen in die Brühe gegeben – für Nichtschwaben etwas gewöhnungsbedürftig.

Anstelle von gerösteten Zwiebeln können die Maultaschen auch mit in reichlich brauner Butter gerösteten Semmelbröseln serviert werden.

Geröstete Maultaschen

Am Karsamstag kommen dann die restlichen Fastenzeit-Taschen auf den Tisch und zwar geröstet und mit Ei. Und nach diesem dritten Tag sind sie dann hoffentlich aufgegessen, die Maultaschen.

Zutaten

Zutaten für 4 Personen:
12 Maultaschen
8–12 Eier
60 g Butter oder Margarine
evtl. 150 g Emmentaler
1 Bund Schnittlauch oder Petersilie
Salz, Pfeffer

Zubereitung

Pro Person 3 Maultaschen in Streifen schneiden. In einer Pfanne Butter oder Margarine erhitzen und die Maultaschenstreifen bei mittlerer Hitze portionsweise darin anrösten.

Für jede Portion 2–3 Eier verquirlen, mit Salz und Pfeffer würzen, über die Maultaschen gießen und stocken lassen. Wer mag, gibt zusätzlich etwas geriebenen Käse dazu. Eventuell einmal wenden und von beiden Seiten goldgelb backen. Etwas gehackten Schnittlauch oder Petersilie darüber streuen.

Dazu passt:

Zu den gerösteten Maultaschen passt am besten ein grüner Salat. Auch Kartoffelsalat wird häufig dazu serviert.

Geröstete Maultaschenstreifen können, wenn die vorhandene Menge kein Hauptgericht mehr abgibt, auch als zwar üppige, aber köstliche Beilage zu Braten oder Gulasch gereicht werden.

Die Hülle

Wie ein Deckmäntelchen des Schweigens über den „sündigen“ Inhalt gebreitet, ist die Teighülle wesentlicher Bestandteil der Maultasche, sozusagen die Grundlage dieses berühmten kulinarischen Kulturguts. Denn ob gewickelt, eingeschlagen oder geklappt, die leckere Füllung wird erst durch den Teig zur Tasche. Und jede dieser Taschenvariationen bedarf natürlich einer speziellen Verarbeitung. Und welche Maultaschenform die „echte“ sei, darüber herrscht in schwäbischen Familien keineswegs Einigkeit.

Für die besonders Fleißigen: Die Teigherstellung

Nun besteht die Teighülle zwar nur aus wenigen Zutaten, doch müssen diese sehr genau aufeinander abgestimmt sein. Zum einen muss der Teig recht dünn und geschmeidig zu verarbeiten sein, zum anderen aber fest und konsistent genug, um die Koch- und Warmhaltedauer zu überstehen.

Wer seinen Teig zu Hause selbst herstellt, verwendet meist Weizenmehl, Eier und Wasser. Die Zutaten werden vermischt, geknetet und anschließend dünn ausgewellt – um die eigenen Kräfte zu schonen, empfiehlt sich dabei der Einsatz einer Nudelmaschine. Ist der Teig sehr fest, kann auch etwas Öl zugegeben werden, damit er sich leichter verarbeiten lässt.

Wenn es auch in der schwäbischen Küchenwirklichkeit heute an der Tagesordnung ist, den Nudelteig fertig zu kaufen, so ist die Teigherstellung doch Bestandteil eines jeden Maultaschenrezepts.

Um die richtige und vor allem gleichmäßige Teigstärke hinzubekommen, ist der Einsatz einer Nudelmaschine sehr hilfreich.

Nudelteig

Zutaten für 4 Personen:

300 g Weizenmehl
3 Eier
etwas Wasser
evtl. etwas Öl
1 Prise Salz

Das Mehl aufhäufen, mit dem Löffel eine Mulde eindrücken und Eier und Salz hineingeben.

Mit Mehl verrühren, mit beiden Händen das Mehl von außen nach innen über dem flüssigen Teig verteilen und vollständig einarbeiten.

Ist der Teig zu hart, etwas Wasser und eventuell etwas Öl zugeben. Etwa 10–15 Minuten kneten, bis der Teig glatt und fest ist. In Folie einschlagen und etwa 30 Minuten ruhen lassen.

Danach wird der Teig gleichmäßig ausgewellt.

Varianten:

Für einen besonders biss- und kochfesten Teig kann man die Hälfte des Weizenmehls durch Hartweizengrieß ersetzen.

Ernährungsbewusste Maultaschenfreunde können den Nudelteig auch aus Vollkornmehl herstellen: Vollkornweizenmehl, ausschließlich oder auch gemischt mit Dinkel-, Grünkern- oder Buchweizenmehl. Die erforderliche Wassermenge ist dabei von der jeweiligen Mehlsorte abhängig. Auch sollte man dem Teig mindestens 1 Stunde Ruhezeit gönnen.

In den Farben der Natur

Gefärbter und aromatisierter Nudelteig bringt noch mehr Abwechslung in die Maultaschen-Küche. Und die Natur hält allerlei Rohstoffe für mehr Farbe und Geschmack bereit. Sie werden bei der Teigherstellung zu den Eiern in die Mehlmulde gegeben und sorgfältig mit diesen vermischt, bevor das Mehl untergearbeitet wird. Je nachdem, wie feucht die „Farbe" ist, benötigt man dann eventuell etwas mehr Mehl.

Grün:
Grüner Teig kommt am häufigsten zum Einsatz. Dafür werden 200 g Spinat fein püriert und ausgepresst. Der Spinatsaft wird auf ca. 60 °C erhitzt und das Blattgrün, das sich dabei absetzt, wird abgeschöpft und zum Färben verwendet.

Gelb:
2 Messerspitzen Safranpulver unter das Mehl mischen oder Safranfäden in 1 TL heißem Wasser auflösen und untermischen.

Schwarz:
1 TL Sepiatinte und der Teig wird nicht nur schwarz, sondern schmeckt auch intensiv nach Tintenfisch.

Rot:
Ca. 25 g frisch gegarte, pürierte und durch ein Sieb gestrichene Rote Bete färben den Nudelteig dunkelrot. 2–3 EL Tomatenmark sorgen für einen helleren Orangeton.

Teig von der Rolle

Dass die Teigherstellung sowohl handwerkliches Geschick als auch eine gehörige Portion an Erfahrung voraussetzt, wusste auch schon die ehemalige „Grabenstüble"- Wirtin Helene Schmid, als sie sich mit ihrer schwäbischen Geschäftstüchtigkeit vor über 40 Jahren dazu entschloss, den Nudelteig für Maultaschen in größeren Mengen herzustellen. Und an Ostern gehörte die Schlange vor ihrem Laden in Stuttgart Bad Cannstatt schon fast zum gewohnten Stadtbild.

Heute ist Nudelteig im Handel oder teilweise auch in Bäckereien das ganze Jahr über erhältlich, und auch die schwäbische Hausfrau, bei aller sprichwörtlichen Sparsamkeit, kauft den Teig meist bereits fertig ausgewellt. Neben der Arbeitserleichterung ist ein weiterer Vorteil, dass Fertigteig Weizenmehl mit Hartweizengrieß mischt, der ja bekanntlich kochfester ist.

Die Zeit und Energie, die durch fertig gekauften Nudelteig eingespart werden kann, kommt der Füllung zugute.
Denn entgegen der landläufigen Auffassung hat nicht der Teig für die notwendige Verbindung mit der Füllung zu sorgen, sondern diese selbst. Ist das Innenleben von zu fester Beschaffenheit oder auch schlicht eine unglückliche Kombination der Zutaten, so wird das Ergebnis nicht überzeugen: Teig und Füllung trennen sich dann beim Kochen.

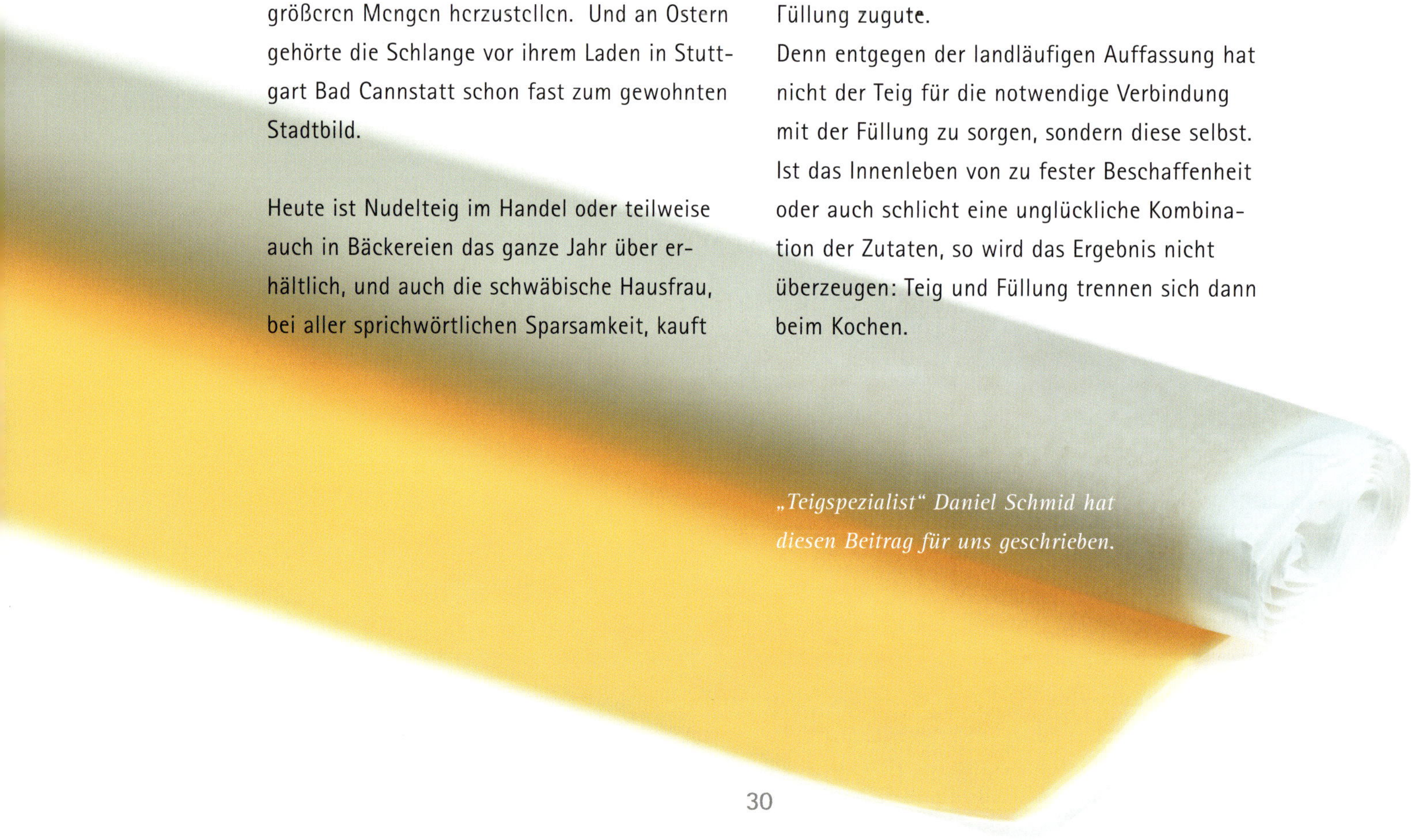

„Teigspezialist" Daniel Schmid hat diesen Beitrag für uns geschrieben.

Gut in Form – die Verpackungsvarianten der Maultasche

Welche Form denn nun die „echte" Maultaschenform sei, darüber lässt sich trefflich streiten. In alten Kochbüchern findet man sowohl die Anleitung für gerollte Varianten als auch dafür, Vierecke auszuschneiden und einzeln zu füllen.

Wollte man die verschiedenen Formen wissenschaftlich kategorisieren, müsste man zunächst die offene und die geschlossene Form unterscheiden und jede der beiden dann weiter unterteilen, sodass sich folgende Varianten ergeben:

- Die einfach gerollte, offene Form
- Die mehrfach gerollte, offene Form
- Die einfach gerollte, geschlossene Form
- Die mehrfach gerollte, geschlossene Form
- Die geschlossene gefaltete Form (rechteckig oder dreieckig)
- Die geschlossene „Deckelform" (quadratisch oder rund)

Die offene Variante

Wenn man der Maulbronner Legende Glauben schenkt, spricht einiges für die geschlossene Form als ursprüngliche Verpackung für den doch sehr brisanten Inhalt.

Wenn man allerdings den real existierenden Pragmatismus schwäbischer Hausfrauen und Metzger berücksichtigt, so spricht das eindeutig für die offene Form, die ihr Innenleben an beiden Seiten zur Schau stellt, auch wenn dies wiederum nun keine herausragende schwäbische Eigenschaft ist.

Und so ist vermutlich auch die gerollte, offene Form die am häufigsten angewandte Technik. Hier schlägt man die mit Füllung bestrichene Teigbahn ein- oder mehrfach übereinander und trennt dann mit einem scharfen Messer beliebig große Maultaschen ab.

Diese Form ist am einfachsten herzustellen, beachtet werden muss hier lediglich die Konsistenz der Füllung, die vom richtigen Mischungsverhältnis der Zutaten abhängt: Stimmt es, stockt die Füllung sofort, wenn die Maultasche ins kochende Wasser kommt, und sie bleibt zart und saftig, anderenfalls – nun ja, verlässt sie die schützende Hülle und löst sich in ihre Bestandteile auf.

Die geschlossene Form

Für bestimmte, insbesondere für „exotische" Füllungen bietet sich die geschlossene Form an. Manchmal ist sie sogar ein Muss, da hier nicht die Gefahr besteht, dass sich die Masse in der Brühe verselbstständigt.

Hier kommt vor allem die gefaltete Form zum Einsatz – wobei Dreiecke eher untypisch sind und an die internationale Verwandtschaft erinnern – und die „Deckelform".

Die geschlossene Deckelform

Für diese Variante wird die Teigbahn halbiert, auf eine Hälfte werden – in gehörigem Abstand voneinander – kleine Häufchen der Füllung gesetzt und rundum die Ränder mit Ei oder Wasser bestrichen.

Darüber wird der „Deckel", die zweite Teigbahn, gelegt und gut festgedrückt.

Nun können die einzelnen Maultaschen mit dem Messer abgetrennt werden. Natürlich kann man auch einzelne Teigquadrate (es können auch Kreise ausgestochen werden) nach diesem Muster verarbeiten.

Gerollt und geschlossen

Die einfachere und schnellere Möglichkeit, die Tasche zu schließen, ist es, den Teig als Bahn zu verarbeiten.
Die Füllung wird aufgestrichen, dabei werden die Ränder freigelassen und mit Wasser oder Ei bepinselt.

Dann wird die Teigbahn zusammengerollt, d.h. sie wird ein- zwei- oder dreimal übereinander geschlagen.

Danach drückt man die einzelnen Maultaschen mit einem runden Gegenstand (Tellerrand, Kochlöffelstiel) ab, sodass sich die Masse nach links und rechts verteilt und man die Maultasche an den Schnittstellen ebenfalls zudrücken und mit einem scharfen Messer abschneiden kann.

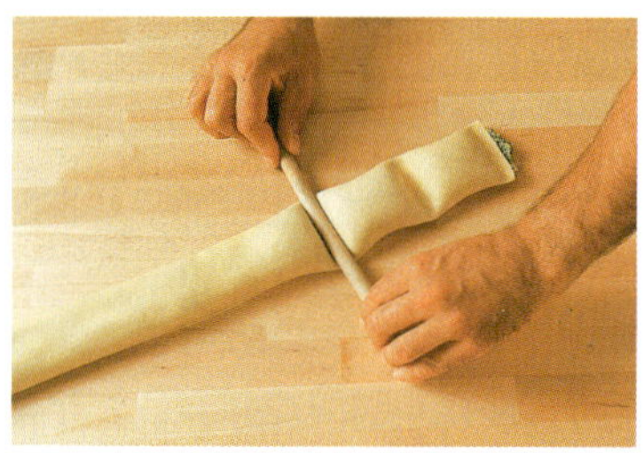

Endstation Kochtopf

Die fertigen Maultaschen gibt man in stark siedendes Salzwasser (oder auch Brühe) und lässt sie ca. 10 Minuten ziehen. Darauf achten, dass sie nicht sprudelnd kochen, besonders bei einem empfindlichen Innenleben wie Brät oder Fischfarce. Die Garzeit ist dabei natürlich von der Größe der Taschen und der Art ihrer Füllung abhängig. Dann werden die Maultaschen mit einem Schaumlöffel herausgenommen, und man läßt sie abtropfen.

Da der Maultaschen-Herstellungsprozess doch recht aufwändig ist, lohnt es sich, eine größere Menge zu produzieren und einen Teil der Teigtaschen einzufrieren.

Die Fülle

Wenn die Maultasche ihre Popularität auch ihrem „unliebenswürdigen Gewand“ zu verdanken hat, die ihr Innenleben sogar vor den Augen des Allmächtigen verbirgt, so lohnt sich – gerade deshalb! – ein Blick in ihr Inneres, in ihren „delikaten Kern“. Ausgehend von der Prämisse, dass die Teighülle ursprünglich offen für alle möglichen Überbleibsel war, haben wir – getreu dem Motto: Der Fantasie sind keine Grenzen gesetzt – auf den folgenden Seiten 28 köstliche Füllungen – jeweils für 4 Personen berechnet – zusammengestellt.

Hülle mit Fülle

Was den delikaten Kern betrifft, der sich in der optisch wenig reizvollen Verpackung verbirgt, dafür haben sich die Schwaben, erfinderisch wie sie nun mal sind, im Laufe der Jahre einiges einfallen lassen.

Ursprünglich waren die Teigtaschen, unter deren Hülle alle Küchenreste der vorhergehenden Tage Unterschlupf fanden, eher ein Arme-Leute-Essen. Wie in Kochbüchern aus dem 18. und 19. Jahrhundert häufig zu lesen, wurde „von dem übergebliebnen Fleisch" und „solchem Zeug, was sonsten nit mehr tauglich auf dem Tisch" in den Teig gewickelt. Und auch heute noch bietet sich die Maultasche für die Verwertung von Braten- und anderen Resten an; allerdings sollte man es nicht so weit treiben, wie der Metzgerslehrling, der von seinem Chef zu hören bekam: „Wenn des rauskommt, was do nei kommt, kommscht Du nei ond nemme raus."

Im Laufe der Jahrhunderte hat sich bei aller Vielfalt der Maultaschenfüllungen aber doch so etwas wie ein „Grundmodell", natürlich mit leichten regionalen Abweichungen, herauskristallisiert: die klassische schwäbische Maultaschenfüllung. Dazu gehören Hackfleisch (sehr häufig wird die Hälfte der Fleischmenge durch Bratwurstbrät ersetzt, auch Bratenreste sind geduldet), Petersilie, Lauch, Zwiebel und Spinat (idealerweise frisch oder aus der Tiefkühltruhe); und Eier und Brötchen. Anstelle der obligaten eingeweichten Brötchen vom Vortag können auch Toastbrot, Laugenwecken oder Brezeln verwendet werden. Gewürzt wird mit Salz, Pfeffer und Muskatnuss. Ob in die Maultasche Gerauchtes kommt, da scheiden sich die Geister. In vielen Rezepten tauchen Landjäger oder gerauchter Bauch auf, für den es allerdings eine feine Alternative gibt: gerauchte schwäbische Schinkenwurst.

Angesichts der glücklichen Kombination von Fleisch, Gemüse und Nudelteig ist offensichtlich, dass die Maultasche ernährungsphysiologisch äußerst wertvoll ist. Kohlenhydrate, Eiweiß, Fett und Vitamine, kurz alles, was eine ausgewogene Ernährung ausmacht, steckt in der tollen Teigtasche.

Und seit die Maultasche salonfähig geworden ist, findet man natürlich auch edle Füllungsvarianten. In der feinen Küche gibt es – getreu der Restephilosophie – eben auch mal Wachtel- oder Morchelüberbleibsel. Und auch süße Geheimnisse verbergen sich hinter der Teighülle. Allerdings ist das nicht neu, denn in vielen Rezepten aus früheren Jahrhunderten finden sich süße Füllungen. Damals waren die häufig mit einer Mandelmasse gefüllten Leckereien, die man Maultaschen nannte, meist aus Butter- oder Hefeteig und wurden im Ofen gebacken.

Eine glückliche Verbindung

Damit die Füllung mit dem Teig auch wirklich eine Einheit bilden kann, sollte man darauf achten, dass die Farce weder zu fest noch zu weich ist, da in beiden Fällen keine ausreichende Bindung zustande kommt.

- Ist die Füllung zu fest, ist sie meist auch zu trocken. In diesem Fall sollte man noch etwas Ei untermischen, zumal Eiweiß ja auch sehr gut bindet.
- Ist die Füllung zu weich, kann man durch Zugabe von Semmelbröseln oder frischen Toastbrotkrümeln Abhilfe schaffen.
- Ein guter Tipp: Leichte Ausrutscher lassen sich problemlos dadurch beheben, dass man den Teig mit Ei bestreicht, bevor die Füllung darauf verteilt wird.

Maultaschen

Man macht einen gewöhnlichen Nudelteig, man kann auch ein wenig Butter dazu nehmen, wallt ihn auch so dünn aus wie zu Nudeln und wenn er halb trocken ist, dann schneidet man ihn zu viereckigen Stückchen und thut auf ein jedes einen Löffel voll folgender Fülle: für 6 Personen weicht man für 2 Kreuzer Weißbrod im Wasser ein, dann verwiegt man ½ Pfund gebratenes Fleisch recht fein, läßt feine Zwiebeln in Butter dämpfen, Petersilie dazu, das Fleisch, 3 Löffel voll Spinatgemüse, dann das ausgedrückte Brod, Salz, Muskatnuß, dann läßt man es erkalten und thut 2 Eier dazu. Wenn dies nun aufgesetzt ist, dann streicht man am Rande herum ein Fingerbreit mit Ei, deckt den leeren Theil über den gefüllten und drückt mit einem Messerrücken neben herum ein; nun läßt man sie in kochendem Salzwasser ¼ Stunde lang kochen, und wenn sie angerichtet sind, werden sie mit Reibbrod und Butter geschmälzt.

Aus: M. Trieb, Neuestes praktisches Kochbuch. Karlsruhe: 1844.

Gefüllte Nudeln oder Maultaschen

Von 500 Gr. Mehl, 7 Eiern und etwas Salz wird ein Nudelteig und daraus feine Nudelkuchen hergestellt. Zu 6–8 eingeweichten und gut ausgedrückten Milchbroten gibt man 500 Gramm feines Bratwurstbrät oder fein gewiegtes, kaltes Fleisch, Braten-Reste usw., 2 Handvoll Spinat blanchiert und durch's Sieb passiert, etwas Zwiebel und Petersilie, in 50 Gr. Butter abgedämpft, Salz, Muskatnuß und zum Schlusse 6–8 ganze Eier. Ist die Masse zu trocken, gibt man noch einige Eier oder etwas Wasser zu. Diese Masse streicht man etwa stark messerrückendick auf die vollständig ausgebreiteten Nudelkuchen, rollt den Kuchen auf und schneidet längliche Vierecke davon, welche man in Salzwasser etwa ¾ Stunde kocht. Für Fasten wird keine Fleischfüllung, sondern nur Spinat verwendet. Sie werden entweder in Fleischbrühe serviert oder mit Butter und Semmelbrösel geschmälzt oder auch geröstet.
Jeder Teig, den man zu Klößen und Füllen macht, kann auf obige Weise in die Nudelkuchen gefüllt werden, wodurch man die in vielen Gegenden so beliebten Strudeln, die je nach der darin enthaltenen Fülle benannt werden, erhält.

Aus: Löffler-Bechtel, Kleines Kochbuch für die einfache bürgerliche Küche.
Hrsg. Eugen Bechtel. J. Ebners Verlag, Ulm: 1905.

Wer den Herrgott nicht „bescheißen" will

Fischfüllungen

Kabeljau-Spinat-Füllung

Zutaten

200 g Spinat

300 g Kabeljaufilet

150 ml Sahne

1 Eiweiß

Salz und Pfeffer

Nudelteig (Rezept siehe Seite 26)

1 Eigelb

Zubereitung

Den Spinat waschen und in kochendem Salzwasser kurz blanchieren. Abtropfen lassen und ausdrücken.

Kabeljaufilet, Sahne, Spinat und Eiweiß (alle Zutaten müssen eiskalt sein, damit die Farce nicht gerinnt!) in der Küchenmaschine oder mit dem Mixstab zu einer glatten Farce verarbeiten, mit Salz und Pfeffer würzen. Etwa 30 Minuten im Kühlschrank kalt stellen.

Den Nudelteig dünn ausrollen und halbieren. Auf einer Hälfte die Fischmasse in Häufchen verteilen, die Ränder mit Eigelb bestreichen, die andere Teigbahn darüber legen, gut andrücken und Maultaschen abtrennen. In kochendem Salzwasser ca. 5 Minuten ziehen lassen.

Dazu passt:

Eine Muschelsauce, zubereitet aus Venusmuschelfleisch, etwas trockenem Weißwein, Knoblauch und viel glatter Petersilie.

Variante:

Anstelle des Kabeljaufilets kann man auch Hecht- oder Zanderfilet verwenden; Spinat kann durch Mangold ersetzt werden.

Lachsforellen-Broccoli-Füllung

Zutaten

200 g Broccoli

200 g Lachsforellenfilet

1 EL Butter

1 Schalotte

2 EL Crème fraîche

Salz, Pfeffer

etwas Zitronensaft

1 Eigelb

Nudelteig (Rezept siehe Seite 26)

1 Eigelb

Zubereitung

Broccoli waschen, in Röschen zerteilen und in Salzwasser 5 Minuten kochen, abschrecken und abtropfen lassen.

160 g Lachsforellenfilet in Würfel schneiden. Die Schalotte schälen, fein würfeln und in Butter andünsten, Broccoli und Fischwürfel dazugeben und ebenfalls kurz andünsten. Auskühlen lassen. Crème fraîche unterrühren und die Masse pürieren. Mit Salz, Pfeffer und etwas Zitronensaft abschmecken. Das restliche Lachsforellenfilet in kleine Würfel schneiden und mit dem Eigelb vorsichtig untermischen.

Nudelteig dünn ausrollen und halbieren. Auf einer Teighälfte die Fischhäufchen verteilen, die Ränder mit Eigelb bestreichen, die andere Teigbahn darüber legen, fest andrücken und Maultaschen abtrennen. In kochendem Salzwasser ca. 5 Minuten ziehen lassen.

Dazu passt:

Braune Butter mit Schnittlauchröllchen und gemischter Blattsalat.

Lachsfüllung

Zutaten

400 g Lachsfilet

1 Schalotte

etwas Butter

50 g altbackenes Weißbrot ohne Rinde

100 ml Milch

1 Ei

200 ml süße Sahne

Fischgewürz

Salz, Pfeffer, Muskat

Nudelteig (Rezept siehe Seite 26)

1 Eigelb

Zubereitung

Das Lachsfilet ca. 30 Minuten anfrieren lassen. Die Schalotte schälen, würfeln und in Butter glasig dünsten. Das Weißbrot zerkrümeln und in etwas Milch einweichen. Alle Zutaten kaltstellen.

Den angefrorenen Lachs in kleine Stücke schneiden und mit dem Mixstab zerkleinern. Zwiebel, Weißbrot, Ei, Sahne und die Gewürze untermischen und mit dem Mixstab zu einer homogenen Masse verarbeiten. Darauf achten, dass die Masse nicht zu warm wird und gerinnt. Im Kühlschrank kalt stellen.

Den Nudelteig ausrollen, die Ränder mit Eigelb bestreichen und die Fischfarce darauf verteilen. Teigbahn übereinander klappen, gleichmäßige Stücke abdrücken und durchschneiden. In siedendem Salzwasser ca. 10 Minuten garen.

Dazu passt:

Gedünsteter Blattspinat und Riesling-Sauce. Dafür eine Schalotte in Butter anschwitzen, etwas Fischfond und Riesling zugeben, reduzieren und mit Sahne verfeinern. Mit Salz und Pfeffer abschmecken.

Neue Varianten für die „Echte"

Fleischfüllungen

Hackfleisch-Chinakohl-Füllung

Zutaten

250 g Schweinehackfleisch

1 EL Öl

200 g Chinakohl

100 g Champignons

2 Frühlingszwiebeln

1 TL geriebener Ingwer

Salz, Pfeffer

Nudelteig (Rezept siehe Seite 26)

1 Eigelb

Zubereitung

Das Schweinehackfleisch in Öl anbraten. Chinakohl in feine Streifen schneiden, Champignons und Frühlingszwiebeln fein hacken. Zum Hackfleisch geben, etwas Wasser angießen und unter Rühren ca. 5 Minuten garen, bis das Wasser verkocht und das Gemüse gar ist. Mit Salz, Pfeffer und Ingwer abschmecken und auskühlen lassen.

Nudelteig dünn ausrollen und halbieren. Auf einer Hälfte die Füllung in Häufchen verteilen, Ränder mit Eigelb bestreichen, die zweite Teigbahn darüber legen, gut andrücken und Maultaschen abtrennen. In kochendem Salzwasser ca. 5–8 Minuten ziehen lassen.

Dazu passt:

In Gemüsebrühe servieren oder mit in Butter gedünsteten Frühlingszwiebeln anrichten.

Schinkenspeck-Brennnessel-Füllung

Zutaten

400 g Brennnesselblätter

100 g magerer Schinkenspeck

1 Zwiebel

1 Brötchen

etwas Milch

2 Eier

frische Kräuter (z. B. Petersilie, Schnittlauch, Liebstöckel, Thymian)

Salz, Pfeffer, Muskat

Nudelteig (Rezept siehe Seite 26)

1 Eigelb

Zubereitung

Die Brennnesselblätter klein schneiden, blanchieren, abtropfen lassen und in eine Schüssel geben. Den Speck würfeln und in einer Pfanne auslassen. Die Zwiebel fein würfeln und darin glasig dünsten. Die Kräuter hacken. Brötchen in Milch einweichen und ausdrücken.

Die Brennnesselblätter mit dem Speck, den Zwiebelwürfeln, den gehackten Kräutern, dem Brötchen und den Eiern gut vermischen.

Den Teig dünn ausrollen, die Masse darauf verteilen, Ränder freilassen und mit Eigelb bestreichen, Teig zusammenklappen und Maultaschen formen. In kochendem Salzwasser ca. 10 Minuten ziehen lassen.

Dazu passt:

Eine Kräuter-Sahnesauce.

Schinken-Mangold-Füllung

Zutaten

350 g gekochten Schinken

300 g Mangold

1 Schalotte

1 Knoblauchzehe

1 EL Butter

2 Brötchen

3 Eier

Salz, Pfeffer, Muskat

Nudelteig (Rezept siehe Seite 26)

1 Eigelb

Zubereitung

Den Schinken grob würfeln und durch den Fleischwolf drehen. Mangold waschen, Stiele abtrennen, nur die Blätter verwenden und in Streifen schneiden. Die Schalotte fein würfen und mit der gehackten Knoblauchzehe in Butter andünsten, Mangoldstreifen dazugeben und kurz mitdünsten. Auskühlen lassen. Brötchen in etwas Wasser oder Milch einweichen und ausdrücken.

Schinken, Mangold, Brötchen und Eier zu einer Füllung verarbeiten und mit Salz, Pfeffer und Muskat würzen.

Nudelteig ausrollen, die Füllung darauf verteilen, die Ränder freilassen und mit Eigelb bestreichen. Den Teig übereinander schlagen und von dem Teigstrang gleichmäßige Stücke abtrennen. Die Maultaschen in kochendem Salzwasser ca. 10 Minuten ziehen lassen.

Dazu passt:

Braune Butter und gebräunte Zwiebelwürfelchen.

Schneckenfüllung

Zutaten

20 Schnecken

2 Schalotten

20 g Butter

100 g Champignons

50 g Blattspinat

2 Scheiben Toast-
brot

etwas Milch

200 g Kalbsbrät

2 Eigelb

Salz, Pfeffer

Nudelteig (Rezept siehe Seite 26)

1 Eigelb

Zubereitung

Die Schnecken hacken und mit den fein gewürfelten Schalotten in Butter andünsten. Die Champignons würfeln, den Spinat grob hacken und ebenfalls mit andünsten. Auskühlen lassen.

Toastbrot in Milch einweichen, ausdrücken und zu der Schneckenmasse geben. Das Brät und die Eigelb untermischen, mit Salz und Pfeffer würzen.

Nudelteig dünn ausrollen, die Füllung gleichmäßig darauf verteilen. Die Ränder freilassen und mit Eigelb bestreichen. Teig übereinander schlagen und Maultaschen abtrennen. In kochendem Salzwasser ca. 10 Minuten garen.

Dazu passt:

Eine Rieslingsauce: Dafür 1 Schalotte in Butter andünsten, $^{1}/_{8}$ l Riesling zugeben und einkochen lassen. 100 ml Sahne angießen und reduzieren, bis die Sauce eine cremige Konsistenz hat. Mit Salz und Pfeffer abschmecken, zu den Maultaschen servieren und mit feinen Schnittlauchröllchen garnieren.

Schweinemett-Sauerampfer-Füllung

Zutaten

350 g Schweinemett

2 Zwiebeln

1 EL Öl

200 g Sauerampfer

1 Bund glatte Petersilie

1 Ei

Salz, Pfeffer

Muskat

Nudelteig (Rezept siehe Seite 26)

1 Ei

Zubereitung

Das Schweinemett in eine Schüssel geben. Die Zwiebeln schälen, fein hacken und in Öl andünsten. Den Sauerampfer waschen, grob zerschneiden und ebenfalls kurz andünsten. Danach durch die grobe Scheibe des Fleischwolfs drehen.

Die Petersilie fein hacken. Alle Zutaten gut miteinander vermischen und mit Salz, Pfeffer und Muskat abschmecken.

Nudelteig dünn ausrollen, die Füllung aufstreichen, Ränder mit Eigelb bestreichen, zusammenklappen und Maultaschen abtrennen. In kochendem Salzwasser ca. 10 Minuten garen.

Dazu passt:

In Butter gebräunte Zwiebel- und Speckwürfelchen.

Variante:

Anstelle des Sauerampfers kann man auch Spinat oder Wildkräuter, wie Löwenzahnblätter, Giersch oder Bärlauch verwenden.

Der Maultaschen-Weg

„Vor den Genuss haben die Götter den Schweiß gesetzt“ – das wussten schon die alten Griechen. Und das haben sich wohl auch findige Gastwirte gedacht und auf der Schwäbischen Alb den Maultaschen-Wanderweg abgesteckt. Um an das Objekt der Begierde, sprich Maultasche, zu kommen, muss erst mal gewandert werden. Jeweils 20 km und das an 5 Tagen, so lange dauert die Route, die in Bad Urach beginnt, über Münsingen, Gundelfingen, Ödenwaldstetten und Würtingen führt und wieder in Bad Urach endet. An jeder Station der Pilgerreise wird man nach des Tages Müh mit köstlichen Maultaschen-Spezialitäten verwöhnt.

Eugen Frank vom „Flair Hotel Vier Jahreszeiten“ in Bad Urach, Start und Ziel der Wanderung, hat uns sein Lieblingsmaultaschenrezept beigesteuert: die Schwäbischen Schäfermaultaschen.

Schwäbische Schäfermaultaschen

Zutaten

600 g Lammfleisch (Schulter, Hals oder Bug)

200 g Brötchen oder Weißbrot vom Vortag

100 g Zwiebeln

2 EL Öl

1 Bund Petersilie
1 Zweig Thymian
1 Zweig Rosmarin

1 – 2 Knoblauchzehen

5 Eier

Salz, Pfeffer

Muskat

Nudelteig (Rezept siehe Seite 26)

1 Eigelb

Zubereitung

Das Lammfleisch in grobe Stücke schneiden und mit Knoblauch, Rosmarin und Thymian, Pfeffer und etwas Muskat würzen.

Das Weißbrot in etwas Wasser oder Milch einweichen. Die Zwiebeln würfeln, die Petersilie hacken und in Öl anschwitzen. Das ausgedrückte Weißbrot, die Zwiebeln und die Petersilie unter das Fleisch mischen und die Masse durch den Fleischwolf drehen. Mit den Eiern gut vermengen und mit Salz und Pfeffer abschmecken.

Den Teig dünn ausrollen, die Füllung aufstreichen, die Ränder mit Eigelb bepinseln, Teig einrollen und Maultaschen formen. In kochendem Salzwasser ca. 15 Minuten ziehen lassen.

Mit Speckzwiebeln und einer Kräuterrahmsauce servieren.

Brät-Gemüse-Füllung

Zutaten

100 g Lauch

100 g Sellerie

100 g Karotten

1 Zwiebel

0,1 l Gemüsebrühe

Salz, Pfeffer

Kerbel

Estragon

Petersilie

Schnittlauch

350 g Kalbsbrät

Nudelteig (Rezept siehe Seite 26)

etwas Eiweiß

Zubereitung

Das Gemüse waschen, schälen und in feine Streifen schneiden oder raspeln. Die Zwiebel schälen und in feine Würfel schneiden. Gemüsestreifen und Zwiebeln mit der Gemüsebrühe in einen Topf geben. Mit Salz, Pfeffer und allen Kräutern würzen. Zudecken und 1 Minute kräftig dünsten. Auf ein Sieb geben, damit das Gemüse erkalten und abtrocknen kann.

Gemüse und Kalbsbrät zu einer streichfähigen Masse verarbeiten. Achtung: Gemüse und Kalbsbrät müssen sehr kalt sein, damit das Ganze nicht gerinnt!

Den Nudelteig ausrollen und die Gemüse-Brät-Masse dünn aufstreichen. Den Teig von der längeren Seite her 2–3 Mal einschlagen (ca. 5 cm breit). Das obere Ende mit Eiweiß bestreichen und festkleben.

Mit einem großen Messer schräge Stücke von ca. 4 cm abhacken. In kochendem Salzwasser ca. 5 Minuten garen lassen.

Tipp

Diese Maultaschen kann man gut vorbereiten und 2–3 Tage im Kühlschrank aufbewahren. Sie eignen sich allerdings nicht zum Einfrieren. Gemüsemaultaschen schmecken am besten, wenn Sie zum Erwärmen in eine gute Gemüsebrühe gelegt werden.

Ochsenschwanzfüllung

Zutaten

1 Ochsenschwanz (etwa 1 kg)

1 Knoblauchzehe, 1 Karotte,
1 Petersilienwurzel,
100 g Staudensellerie,
100 g Lauch

2 EL Öl

5 Wacholderbeeren,
1 Lorbeerblatt

1 EL Tomatenmark

$^1/_4$ l Rotwein

100 g Brät

etwas gehackte Petersilie,
etwas Liebstöckel

1 Eigelb

Salz, Pfeffer

Nudelteig (Rezept siehe Seite 26)

1 Eigelb

Zubereitung

Den Ochsenschwanz zerteilen, salzen und pfeffern. Knoblauch, Karotten und Petersilienwurzel würfeln, Staudensellerie und Lauch in Ringe schneiden.

Öl erhitzen und die Ochsenschwanzteile darin kräftig anbraten. Knoblauch und Gemüse zufügen. Nach etwa 10 Minuten Wacholderbeeren, Lorbeerblatt und Tomatenmark zugeben, den Rotwein zugießen und das Ganze ca. 2 Stunden schmoren lassen. Danach den Ochsenschwanz herausnehmen, Fleisch von den Knochen lösen und fein hacken. Die Sauce durch ein Sieb passieren.

Das fein gehackte Fleisch, das Brät, die Kräuter und das Eigelb gut miteinander vermischen, salzen und pfeffern. Etwas Sauce zugeben, damit eine leicht gebundene Füllung entsteht. Kalt stellen.

Nudelteig dünn ausrollen, halbieren, Füllung häufchenweise auf einer Hälfte verteilen, Ränder mit Eigelb bestreichen, zweite Teigbahn darüber legen und Maultaschen abtrennen. In kochendem Salzwasser ca. 10 Minuten garen.

Dazu passt:

Mit der Ochsenschwanzsauce, die etwas reduziert wird, und eventuell mit gebratenen Pilzen servieren.

Leberwurstfüllung

Zutaten

300 g Hackfleisch

2 kleine Leberwürste

50 g geräuchter Bauch

1 Zwiebel

1 EL Butter

2 Brötchen

$^{1}/_{2}$ Bund glatte Petersilie

2 Eier

etwas Majoran

Salz und Pfeffer

Nudelteig (Rezept siehe Seite 26)

1 Eigelb

Zubereitung

Das Hackfleisch mit der Leberwurstmasse vermischen. Zwiebel schälen, fein würfeln und in Butter anschwitzen. Den geräuchten Bauch in kleine Würfel schneiden und ebenfalls kurz anbraten. Abkühlen lassen. Die Brötchen in etwas Wasser einweichen, ausdrücken und zerpflücken. Die Petersilie fein hacken.

Fleisch, Zwiebel, Speck, Brötchen, Petersilie und Eier zu einer homogenen Masse vermischen. Mit Salz, Pfeffer und Majoran abschmecken.

Den Nudelteig dünn ausrollen, die Füllung aufstreichen, Ränder freilassen und mit Eigelb bestreichen, Teig übereinander klappen und Maultaschen formen. In kochendem Salzwasser ca. 10 Minuten garen.

Dazu passt:

Sauerkraut und in Butter gebräunte Zwiebelwürfel.

Blutwurst-Walnuss-Füllung

Zutaten

250 g Blutwurst

1 Schalotte

1 EL Walnussöl

1 Brötchen

etwas Milch

1 Eigelb

30 g Walnusskerne

einige Zweige Majoran

Salz, Pfeffer

Nudelteig (Rezept siehe Seite 26)

1 Eigelb

Zubereitung

Die Blutwurst aus dem Darm nehmen, in eine Schüssel geben und mit einer Gabel zerdrücken. Die Schalotte fein würfeln und im Walnussöl andünsten. Das Brötchen in Milch einweichen und ausdrücken. Die Walnusskerne und die Majoranblättchen klein hacken.

Alle Zutaten mit der Blutwurst zu einer Füllung vermischen, mit Salz und Pfeffer herzhaft abschmecken.

Den Teig dünn ausrollen und halbieren. Auf einer Hälfte die Füllung in Häufchen verteilen, die Ränder mit Eigelb bestreichen, die zweite Teigbahn darüber legen, gut andrücken und Maultaschen formen. In kochendem Salzwasser oder Fleischbrühe ca. 10 Minuten ziehen lassen.

Dazu passt:

Gebräunte Zwiebelwürfelchen und ein lauwarmer Kartoffelsalat oder Sauerkraut.

Geflügel-Morchel-Füllung

Zutaten

200 g Hähnchenbrustfilet

100 g Kalbfleisch

40 g grüner Speck

$^1/_8$ l Sahne

10 g getrocknete Morcheln

Pastetengewürz

Salz, Pfeffer

etwas Weinbrand

Nudelteig (Rezept siehe Seite 26)

1 Eigelb

Zubereitung

Hähnchenbrustfilet und Kalbfleisch würfeln und mit dem Speck durch die feine Scheibe des Fleischwolfes drehen. Mit der Sahne zu einer homogenen Farce verarbeiten und durch ein Sieb streichen. Mit Salz, Pfeffer, Pastetengewürz und Weinbrand abschmecken. Eine Stunde im Kühlschrank ruhen lassen.

Die Morcheln ca. 30 Minuten in lauwarmem Wasser einweichen, ausdrücken und klein hacken. Unter die Farce mischen. Das Einweichwasser durch Filterpapier abseihen und für die Sauce verwenden.

2 Teigbahnen dünn ausrollen, auf einer Bahn die Füllung in Häufchen verteilen, die Ränder mit Eigelb bestreichen, mit der zweiten Teigbahn bedecken und gut andrücken. Mit einem Teigroller in Stücke teilen und die Maultaschen in kochendem Salzwasser ca. 10 Minuten ziehen lassen.

Variante

Für eine besonders feine Füllung kann man das Hähnchenbrustfilet durch Wachtelfleisch ersetzen.

Fasanenfüllung

Zutaten

$^{1}/_{2}$ Fasan

60 g Lauch

60 g Möhren

1 kleine Zwiebel

2 EL Öl

30 g getrocknete Morcheln

30 g Butter

1 Schalotte

1 Knoblauchzehe

50 g Staudensellerie

Salz, Pfeffer

einige Zweige Thymian

Nudelteig (Rezept siehe Seite 26)

1 Eigelb

Zubereitung

Fasan entbeinen. Das Fleisch beiseite stellen. Aus Knochen, Haut und Sehnen des Fasans einen Fond kochen: Dafür die Teile in Öl mit kleingeschnittenem Lauch, Zwiebel- und Karottenwürfeln anbraten, $^{1}/_{2}$ l Wasser angießen und bei schwacher Hitze im offenen Topf etwa 1 Stunde kochen. Abseihen, auf $^{1}/_{8}$ l reduzieren und erkalten lassen.

Morcheln in etwas kaltem Fasanenfond einweichen. Die Hälfte des Fasanenfleisches pürieren, restliches Fasanenfleisch sehr fein würfeln. Butter zerlassen, fein gewürfelte Schalotten, zerdrückten Knoblauch und gewürfelten Sellerie darin hell anschwitzen. Gewürfeltes Fasanenfleisch darin kurz anbraten. Ausgekühlt mit dem pürierten Fleisch, Salz, Pfeffer und gehacktem Thymian vermischen. Morcheln würfeln und unter die Fleischfarce geben. Die Einweichflüssigkeit durch eine Filtertüte gießen. So viel davon unter die Farce mischen, bis eine homogene Masse entsteht. Den Rest zum Wildfond gießen.

Nudelteig dünn ausrollen und halbieren. Auf eine Teigbahn die Füllung häufchenweise setzen, Ränder mit Eigelb bestreichen, die zweite Teigbahn darüber legen, gut andrücken und Maultaschen abtrennen.

Dazu passt:

Der Wildfond, der noch mal stark reduziert, mit etwas weißem Portwein abgeschmeckt und eventuell mit Sahne verfeinert wird.

Kaninchen-Speck-Füllung

Zutaten

400 g Kaninchenkeule

100 g magerer Räucherspeck

2 Schalotten

2 Knoblauchzehen

100 g Lauch

1 Brötchen

etwas Milch

20 g Butter

1 Ei

$^{1}/_{2}$ EL Rosmarinnadeln

$^{1}/_{2}$ EL Thymianblättchen

Salz und Pfeffer

Nudelteig (Rezept siehe Seite 26)

1 Eigelb

Zubereitung

Die Keulen auslösen, das Kaninchenfleisch und den Räucherspeck durch die feine Scheibe des Fleischwolfs drehen.

Die Schalotten schälen und würfeln, die Knoblauchzehen fein hacken. Den Lauch putzen und in kleine Würfel schneiden. Ein altbackenes Brötchen klein schneiden und in etwas Wasser oder Milch einweichen.

Die Schalottenwürfel und den Knoblauch in der Butter anschwitzen. Die Lauchwürfel zugeben, kurz durchschwenken. Das Gemüse zu dem Hackfleisch geben und die eingeweichten und ausgedrückten Brötchenwürfel zufügen. Rosmarin fein hacken und mit den Thymianblättchen und dem Ei ebenfalls untermischen. Mit Salz und Pfeffer würzen und alles gut vermengen.

Den Teig dünn ausrollen, die Fleischfüllung darauf verteilen, Ränder mit Eigelb bestreichen, Teigbahn übereinander klappen und Maultaschen formen. In kochendem Salzwasser ca. 10 Minuten gar ziehen lassen.

Dazu passt:

Eine Thymiansauce: Dafür 40 ml Geflügelfond und 20 ml Sahne mit etwas Zitronensaft und geriebenem Ingwer aufkochen, 30 g eiskalte Butter mit dem Stabmixer unterschlagen, mit Salz, Pfeffer und $^{1}/_{2}$ TL Thymianblättchen würzen.

Speck-Filderkraut-Füllung

Zutaten

1 Zwiebel

20 g Butter

100 g gerauchter Bauch

300 g frisches
Fildersauerkraut

etwas Weißwein

Salz und Pfeffer

Nudelteig (Rezept siehe Seite 26)

1 Eigelb

Zubereitung

Zwiebel schälen und in Würfel schneiden. Gerauchtes Bauchfleisch fein würfeln. Zwiebelwürfel in Butter goldgelb anschwitzen, den gerauchten Bauch zugeben. Das ausgedrückte Filderkraut ebenfalls dazugeben und das Ganze mit wenig Weißwein einkochen lassen. Mit Salz und Pfeffer würzen und auskühlen lassen.

Nudelteig dünn ausrollen und halbieren. Auf eine Hälfte die Kraut-Speck-Häufchen verteilen, Ränder mit Eigelb bestreichen, die zweite Teigbahn darauf legen, andrücken und Maultaschen abtrennen. In kochendem Salzwasser ca. 10 Minuten garen lassen.

Dazu passt:

Braune Butter oder in Butter gebräunte Zwiebel- und Speckwürfel.

Der Maultaschen-Weltrekord

Ein schwäbischer Metzger, Helmut Bantle aus Oberndorf-Aistaig, hat dazu beigetragen, die Maultasche als Markenzeichen schwäbischer Esskultur weltweit publik zu machen. Er ist der Maultaschen-Weltmeister und als solcher auch im Guiness-Buch der Rekorde verzeichnet.

Waren es 1986 noch 1 860 fleischgefüllte Teigtaschen, die er in einer Stunde von Hand hergestellt hatte, so konnte er im Herbst 2000 seinen eigenen Rekord brechen: Glatte 2 500 Exemplare des schwäbischen Nationalgerichts lagen nach einer Stunde kochbereit und wurden anschließend einem guten Zweck zugeführt. Geschafft hat der Metzgermeister dies mit Hilfe eines von ihm selbst entwickelten Geräts, das er sich auch als Gebrauchsmuster schützen ließ: dem „Maultaschen-Blitz". Bei dem Schneide- und Portioniergerät, das ohne Strom auskommt, handelt es sich um eine Art Walze mit mehreren im Kreis angeordneten Klingen, mit der man über die fertig gefüllte und zugeklappte Teigbahn rollt – eine Umdrehung: 11 Maultaschen.

Die längste Maultasche der Welt

Nicht nur mit der Menge, auch mit der Länge der Maultasche geht man immer wieder auf Rekorde-Jagd. So zum Beispiel im Jahr 2000 in Baiersbronn, wo 60 Köche, darunter auch 3-Sterne-Koch Harald Wohlfahrt, 350 kg Teig und 560 kg Füllung aus Kalbfleischbrät, Steinpilzen, Sahne und Kräutern zu einer 1005,75 Meter langen Maultasche verarbeitet und anschließend häppchenweise für einen guten Zweck verkauft haben. Im Jahr 2004 setzte Herrenberg allerdings eine neue Rekordmarke: 1642 Meter Maultasche schlängelten sich unter den Augen des Initiators, Metzger Edwin Straßer, durch die mittelalterliche Stadt. Die staunenden Zuschauer konnten sich auf mehr als 6000 Maultaschen-Portionen freuen.

Ein Königreich für eine Maultasche

Was eine so wichtige Rolle im kulinarischen Reich spielt und bereits Weltgeltung erlangt hat, muss auch würdig repräsentiert werden. Und so war die Wahl einer Maultaschenkönigin schon längst überfällig: Im Jahre 2001 hat nun endlich in Baiersbronn Ihre Hoheit Anja I. ihre Regentschaft angetreten.

Wildbretfüllung

Zutaten

300 g Wildbret (Keule oder Schulter)

150 g Steinpilze

1 Schalotte

40 g Butter

100 g Sahne

Salz, Pfeffer

einige Zweige Thymian

1 TL Preiselbeeren

2 Eier

2–3 EL Weißbrotbrösel

Nudelteig (Rezept siehe Seite 26)

1 Eigelb

Zubereitung

Wildfleisch würfeln und durch die grobe Scheibe des Fleischwolfs drehen. Steinpilze säubern und grob hacken. Schalotte schälen und fein würfeln.

Die Hälfte der Butter erhitzen, die Schalotten anschwitzen, die Steinpilze dazugeben und kurz dünsten. In eine Schüssel geben. Die restliche Butter erhitzen und das Wildfleisch darin anbraten. Mit Cognac ablöschen, die Sahne zugeben und unter Rühren einige Minuten garen. Mit Salz, Pfeffer und Thymian würzen. Zu der Schalotte und den Pilzen geben und auskühlen lassen. Preiselbeeren, Eier und Weißbrotbrösel zugeben und alles gut vermischen.

Nudelteig dünn ausrollen und halbieren. Auf einer Teighälfte die Füllung in Häufchen verteilen, die Ränder mit Eigelb bestreichen, die zweite Teigbahn darüber legen, andrücken und Maultaschen abtrennen. In kochendem Salzwasser ca. 10 Minuten garen.

Dazu passt:

Eine Sahnesauce: Wildfond mit etwas Rotwein stark reduzieren und mit Sahne verfeinern.

Kalbfleisch-Waldpilz-Füllung

Zutaten

300 g gemischte Waldpilze

2 Schalotten

2 EL Öl

200 g Kalbfleisch

100 ml Sahne

1 Ei

1/2 Bund glatte Petersilie

Salz, Pfeffer, Muskat

Nudelteig (Rezept siehe Seite 26)

1 Ei

Zubereitung

Die Pilze putzen und grob hacken. Die Schalotten schälen, fein würfeln und mit den Pilzen in Öl anschwitzen. Mit Salz und Pfeffer würzen und auskühlen lassen.

Das Kalbfleisch in feine Würfel schneiden und mit der Sahne, Salz und Pfeffer in einer Moulinette zu einer Farce verarbeiten. Darauf achten, dass schnell gearbeitet wird und die Zutaten sehr kalt sind, damit die Farce nicht gerinnt!

Die Farce mit den Pilzen, dem Ei und der fein gehackten Petersilie vermengen, mit Salz, Pfeffer und Muskat abschmecken.

Nudelteig dünn ausrollen, die Masse darauf verteilen, Ränder mit Eigelb bestreichen, Teig zusammenklappen und Maultaschen abtrennen. In kochendem Salzwasser ca. 5–8 Minuten garen.

Dazu passt:

Eine Schalotten-Schmelze: 3 Schalotten in etwas Öl anschwitzen, mit etwas Fleischbrühe (200 ml) ablöschen und auf 1/3 reduzieren. Mit 50 g kalter Butter montieren. Mit gerösteten Haselnussblättchen oder gerösteten Pinienkernen und gebratenen Pilzen servieren.

Es geht auch ohne ...

Vegetarische Füllungen

Gemüse-Frischkäse-Füllung

Zutaten

100 g Möhren

100 g Sellerie

1 Zwiebel

20 g Butter

1 Bund glatte Petersilie

1 Bund Zitronenmelisse

200 g Frischkäse

1 Eigelb

50 g Haselnüsse

Salz, Pfeffer

Nudelteig (Rezept siehe Seite 26)

1 Eigelb

Zubereitung

Möhren, Sellerie und Zwiebel schälen und fein würfeln. In Butter 5 Minuten dünsten. In eine Schüssel geben.

Kräuter und Haselnüsse hacken, mit dem Frischkäse und dem Eigelb unter das Gemüse mischen, mit Salz und Pfeffer würzen.

Nudelteig dünn ausrollen und halbieren. Auf einer Teighälfte die Füllung in Häufchen verteilen, die Ränder mit Eigelb bestreichen, die zweite Teighälfte darüber legen, gut andrücken und Maultaschen abtrennen. In kochendem Salzwasser ca. 10 Minuten ziehen lassen.

Dazu passt:

Mit brauner Butter anrichten. Blattspinat dazu servieren.

Kürbis-Quark-Füllung

Zutaten

300 g Kürbisfleisch

1 EL Butter

100 g Quark

60 g Weißbrotbrösel

1 Ei

Salz, Pfeffer, Zucker, Essig

Nudelteig (Rezept siehe Seite 26)

1 Eigelb

Zubereitung

Kürbisfleisch in Stücke schneiden und in Butter weich dünsten. Pürieren und mit Salz, Pfeffer, Zucker und Essig abschmecken. Auskühlen lassen. Mit dem Quark, dem Ei und den Weißbrotbröseln vermischen und abschmecken.

Nudelteig dünn ausrollen und halbieren. Auf einer Hälfte die Kürbishäufchen verteilen, die Ränder mit Eigelb bestreichen, die zweite Teigbahn darauf legen, gut andrücken und Maultaschen abtrennen. In Salzwasser ca. 5 Minuten ziehen lassen.

Dazu passt:

Mit etwas brauner Butter, gehackter glatter Petersilie und geschälten und gerösteten Kürbiskernen anrichten. Eventuell gedünstete Kürbiswürfel dazu servieren.

Käse-Möhren-Füllung

Zutaten

250 g Möhren

1 EL Butter

1 Bund Kerbel

300 g Schichtkäse

2 Eier

Salz, Pfeffer

Nudelteig (Rezept siehe Seite 26)

1 Eigelb

Zubereitung

Die Möhren waschen, schälen und grob raspeln. Kurz in Butter andünsten und auskühlen lassen. Den Kerbel fein hacken.

Den Schichtkäse mit den Möhrenraspeln, dem gehackten Kerbel und den Eiern gut vermengen, mit Salz und Pfeffer würzen.

Den Nudelteig dünn ausrollen und halbieren. Auf der einen Teighälfte die Käse-Möhren-Füllung in Häufchen verteilen, die Ränder mit Eigelb bestreichen, die zweite Teigbahn darüber legen, gut andrücken und Maultaschen abtrennen. In kochendem Salzwasser ca. 10 Minuten garen.

Dazu passt:

Braune Butter und gedünsteter Mangold oder Spinat.

Die Fastfood-Maultasche

War mit dem Genuss von frischen, hausgemachten Maultaschen bisher ein aufwändiger Fertigungsprozess oder aber der Besuch einer schwäbischen Gaststätte verbunden, so wird sich das im neuen Millenium nun endlich ändern. Denn in Stuttgart ist es dem Uhlbacher „Hasenwirt" Josef Stritzelberger mit schwäbischem Tüftlergeist gelungen, die Fastfood-fähige Maultasche herzustellen – bei optimaler Qualität und Frische und mit amtlich eingetragenem Gebrauchsmusterschutz. Ein spezielles Mischungsverhältnis der Zutaten sorgt dafür, dass die saftige Teigtasche nicht „ausläuft".

Die „Handy-Maultasche" als Handvesper, als Konkurrenz für Curry-Wurst und Hamburger – keine Zukunftsvision, sondern in greifbare Nähe gerückt. Bislang nur eine Attraktion auf dem Weindorf in Stuttgart, Hamburg und Berlin, plant Josef Stritzelberger nun ganz Deutschland mit einem dichten Netz von Verkaufsstellen zu überziehen – die Maultaschen-Connection. In diesen Filialen ist der Kunde Augenzeuge der „Vor-Ort-Frisch-Erzeugung" und erhält die Maultasche in einer kleinen mund- und handgerechten Papiertüte.

Die Maultasche schickt sich an, ein wichtiger Exportartikel zu werden, auch die USA hat bereits Interesse an dem erfolgversprechenden Konzept signalisiert. Schwaben in aller Welt und Freunde der schwäbischen Küche müssen bald nicht mehr verzweifeln, wenn sie von kulinarischen Sehnsüchten geplagt werden. Der nationale und internationale Siegeszug der Maultasche scheint unaufhaltsam. Bald wird die schwäbische Spezialität in aller Munde sein.

Die Fastfood-Füllung

Das Rezept für die
Maultasche der Zukunft

Zutaten

Für 1 kg Teig benötigt man $2\frac{1}{2}$ kg fertige Füllung hergestellt aus:

1 kg Bratwurstbrät
1 kg Hackfleisch ($\frac{1}{3}$ davon geräuchter Speck)
1 kg Spinat und Kräuter
3–4 Eier
Gewürze

Zubereitung:

Bratwurstbrät und Hackfleisch vermischen. Speck, Spinat und Kräuter durch den Fleischwolf drehen. Alle Zutaten mit Eiern und Gewürzen zu einer homogenen Masse verarbeiten.

Die Säfte der Kräuter werden durch das Brät gebunden. Die sonst üblichen eingeweichten Brötchen sind hier nicht nötig.

Ganz wichtig:

Alle Zutaten müssen von Hand gemischt werden!

Kartoffel-Limburger-Füllung

Zutaten

300 g mehlig kochende Kartoffeln

100 g Limburger Käse

1 Eigelb

Salz, Pfeffer

Muskat

Nudelteig (Rezept siehe Seite 26)

1 Eigelb

Zubereitung

Die Kartoffeln mit der Schale kochen, pellen und durch eine Kartoffelpresse drücken. Abkühlen lassen.

Den Käse in kleine Würfel schneiden und mit dem Eigelb unter die Kartoffelmasse mischen. Mit Salz, Pfeffer und Muskat abschmecken.

Den Nudelteig dünn ausrollen und halbieren. Auf eine Hälfte mit einem Löffel die Kartoffel-Käse-Häufchen setzen, die Ränder mit etwas Eigelb bestreichen, die zweite Hälfte darüber legen, gut andrücken und Maultaschen abtrennen. In kochendem Salzwasser ca. 5 – 10 Minuten garen.

Dazu passt:

Mit brauner Butter und frischem Majoran anrichten. Gedünstete Gemüsestreifen (Lauch, Sellerie, Möhre) oder einen Salat dazu servieren.

Kartoffel-Spinat-Füllung

Zutaten

200 g mehlige Kartoffel

300 g Spinat

200 g Quark

2 Eier

Salz, Pfeffer, Muskat

etwas Butter

Nudelteig (Rezept siehe Seite 26)

1 Eigelb

Zubereitung

Kartoffeln in Salzwasser garen, abgießen und auskühlen lassen. Den Spinat verlesen, waschen und kurz in kochendem Wasser blanchieren, abgießen und abtropfen lassen. Dann gut ausdrücken und fein hacken.

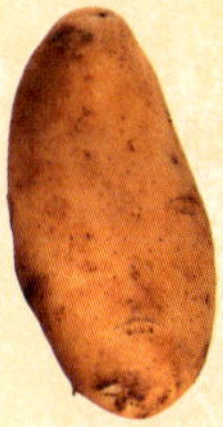

Die Butter erhitzen, den Spinat zugeben, mit Salz, Pfeffer und Muskat würzen und bei mittlerer Hitze garen, bis die Flüssigkeit verdampft ist. Auskühlen lassen. Die Kartoffeln passieren und mit Quark, Spinat und den Eiern gut vermischen.

Nudelteig dünn ausrollen, Füllung darauf verteilen, an den Rändern ca. 2 cm freilassen. Die Ränder mit Eigelb bestreichen, Teigbahn übereinander schlagen und Maultaschen abtrennen. In kochendem Salzwasser ca. 10 Minuten ziehen lassen.

Dazu passt:

Ausgelassener Speck, in dem Zwiebelwürfel angebräunt werden.

Variante:

Den Spinat weglassen, die Füllung nur mit Kartoffeln und Quark zubereiten und frische Minze untermischen. Mit brauner Butter und Salat servieren.

Die Maultasche e.V.

Im Zeitalter der Maultaschenfließbandproduktion die unverfälschte Maultaschenkultur zu bewahren, das haben sich die Gründungsmitglieder des Weinstädter Maultaschenvereins zur Aufgabe gemacht. Lediglich als Versorgung notleidender Exilschwaben in anderen Bundesländern wird die industriell gefertigte Teigtasche geduldet, doch was eine rechte schwäbische Maultasche sein will, muss individuell gefüllt und von Hand gewickelt sein.

Seit Ostern 1995 ist „Die Maultasche e.V." ein eingetragener Verein, der laut Satzung das Ziel verfolgt: „Wahrung, Förderung und Tradierung schwäbischer Kultur im Allgemeinen und der Maultasche als Inbegriff dieser Kultur im Besonderen". Seit 1989 veranstalten die Mitglieder im Remstal regelmäßig einmal jährlich, immer am Ostersamstag, einen Maultaschenwettbewerb. Bei diesem klubinternen Vergleich unter Hobbyköchen werden die schwäbischen Teigtaschenkompositionen bewertet. Um die Maultaschen-Diskussion zu versachlichen, wurde im Laufe der Jahre ein Bewertungsschema entwickelt: ein ausgeklügeltes Punktesystem. Bewertet werden Form/Farbe und Konsistenz (je 4 Punkte), Zusammensetzung (2 Punkte) und natürlich der Geschmack (10 Punkte). Das ergibt eine maximale Punktzahl von 20 – diese Traumnote wurde freilich noch nie erreicht.

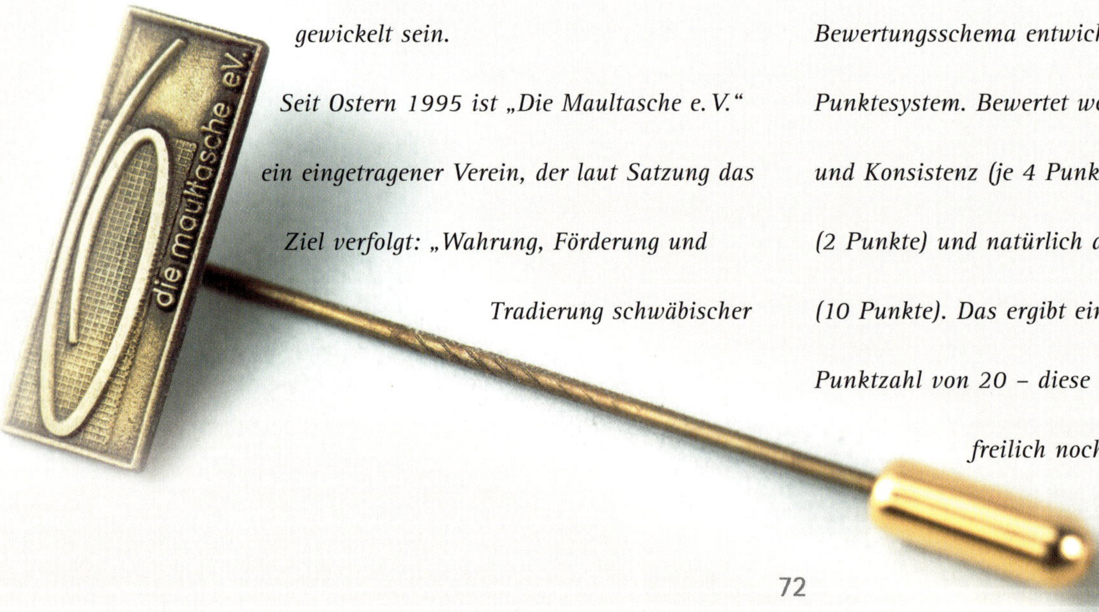

Maultaschen: gefüllt, gerollt – geprägt?

Die Schwaben sind ja nicht nur für ihre Sparsamkeit bekannt, sondern auch als Tüftler und Erfinder berühmt – man denke an Automobile, Maultaschen ... und nicht selten finden sich auch beide Eigenschaften in schöner Eintracht nebeneinander. Das trifft auch bei zwei findigen Mitgliedern des Weinstädter Maultaschenvereins zu. Angesichts der optisch wenig reizvollen Maultaschenhülle hatten sie lange nach einer Möglichkeit gesucht, um bei der Teigherstellung diese auch geradezu verschwenderisch ungenutzte Fläche aufzuwerten. Und ihre Suche war von Erfolg gekrönt.

Die Idee, mittels einer Prägewalze Logos oder Schriftzüge aufzubringen, schien den beiden maultaschenbegeisterten Konstrukteuren vielversprechend. Und die Einsatzmöglichkeiten ebenfalls: ob als Werbefläche, um den Inhalt der Teigtasche (ob Fleisch, Fisch oder vegetarisch) offen zu legen, für den Namen des Maultaschenproduzenten, das Haltbarkeitsdatum etc., etc.

Die Sache liegt seit einiger Zeit beim Patentamt im München, wird dort geprüft und mit Patenten aus China und Italien verglichen, und – nun, man wird sehen ...

Pfifferlingfüllung

Zutaten

200 g Pfifferlinge

2 Schalotten

1 EL Butter

150 g Schichtkase

2 EL Crème fraîche

einige Zweige Majoran

1 Ei

1-2 EL Weißbrotbrösel

Salz, Pfeffer

Nudelteig (Rezept siehe Seite 26)

1 Eigelb

Zubereitung

Die Pfifferlinge putzen und klein hacken und mit den geschälten und fein gewürfelten Schalotten in Butter andünsten. Auskühlen lassen und mit dem Schichtkäse, der Crème fraîche, dem Ei und den Weißbrotbröseln vermischen. Mit Salz, Pfeffer und Majoran würzen.

Nudelteig dünn ausrollen und halbieren. Auf einer Teigbahn die Füllung häufchenweise in 2 cm Abstand verteilen, die Ränder mit Eigelb bestreichen, die zweite Teigbahn darüber legen, gut andrücken und Mautaschen abtrennen. In kochendem Salzwasser ca. 8–10 Minuten ziehen lassen.

Dazu passt:

In Butter gebratene Pfifferlinge, mit frischem Majoran gewürzt.

Rote-Bete-Füllung

Zutaten

400 g Rote Bete

1 Schalotte

1 Knoblauchzehe

1 EL Butter

3 EL Crème fraîche

Salz, Pfeffer

1 TL frisch geriebener Meerrettich

Nudelteig (Rezept siehe Seite 26)

1 Eigelb

Zubereitung

Rote Bete schälen und fein raspeln. Die Schalotte und den Knoblauch schälen, fein hacken und in Butter glasig dünsten. Die Rote-Bete-Streifen dazugeben und unter Rühren ca. 5 Minuten dünsten. In eine Schüssel geben und abkühlen lassen. Die Crème fraîche untermischen und mit Salz, Pfeffer und Meerrettich abschmecken.

Den Nudelteig ausrollen, die Ränder mit Eigelb bestreichen, die Füllung darauf verteilen, mit einer zweiten Teigbahn abdecken, andrücken und gleichmäßige Stücke abtrennen. Die Maultaschen in kochendem Wasser ca. 10 Minuten ziehen lassen.

Dazu passt:

Eine Käse-Sahne-Sauce.

Die wahre Versuchung

Süße Füllungen

Süße Quarkfüllung

Zutaten

250 g Quark

1 Vanillezucker

3 Eigelb

2 EL Sahne

80 g Weißbrotbrösel (ohne Rinde)

1 Prise Salz

Nudelteig (Rezept siehe Seite 26)

1 Eigelb

Zubereitung

Den Quark ausdrücken und mit der Sahne glatt rühren. Vanillezucker, eine Prise Salz und Eigelb einarbeiten und die Weißbrotbrösel untermischen.

Den Nudelteig dünn ausrollen, die Ränder mit Eigelb bestreichen und die Quarkmasse darauf verteilen. Maultaschen formen und in kochendem Salzwasser bei kleiner Hitze ca. 10 Minuten ziehen lassen.

Dazu passt:

Mohnbutter: 1 EL Butter in einer Pfanne erhitzen, 1 EL Honig, 1 TL Puderzucker und 1 EL Mohnpaste oder gemahlenen Mohn unterrühren. Die fertigen Quark-Maultaschen in der Mohnbutter schwenken.

Birnen-Quark-Füllung

Zutaten

1 Birne

20 g Butter

1 EL Zucker

etwas Williams
Birnenschnaps

200 g Quark

3 Eigelb

100 g Weißbrotbrösel
(ohne Rinde)

Nudelteig (Rezept siehe Seite 26)

1 Eigelb

Zubereitung

Die Birne schälen und in kleine Würfel schneiden. Butter und Zucker in einer kleinen Pfanne goldgelb karamellisieren lassen, mit dem Birnenschnaps ablöschen. Die Birnenwürfel in die Pfanne geben und einige Minuten ziehen lassen. Kalt stellen. Birnenstücke abtropfen lassen, den Saft auffangen und beiseite stellen.

Den Quark ausdrücken, mit 2 EL des aufgefangenen Birnensaftes glatt rühren. Eigelb und Weißbrotbrösel untermischen. Die Birnenwürfelchen unterheben.

Nudelteig dünn ausrollen und halbieren. Auf eine Hälfte die Quarkhäufchen setzen, die Ränder mit Eigelb bestreichen, die zweite Teigbahn darüber legen, gut andrücken und Maultaschen formen. In kochendem Salzwasser bei kleiner Hitze ca. 10 Minuten ziehen lassen.

Dazu passt:

Eine Holundersauce: Dafür 300 g Holunderbeeren mit 60 g Gelierzucker, Orangen- und Zitronenschale und 1 kleinen Zimtstange 15 Minuten bei schwacher Hitze ziehen lassen, Saft durch eine Sieb passieren und 200 g Holunderbeeren darin kurz weich dünsten.

Pflaumen-Walnuss-Füllung

Zutaten

400 g Pflaumen

1 Vanilleschote

60 g Walnüsse

2 EL Zwetschgenwasser

etwas Zimt

1–2 EL Ahornsirup

Nudelteig (Rezept siehe Seite 26)

1 Eigelb

Zubereitung

Die Pflaumen halbieren, entkernen, in kleine Stücke schneiden und in einen Topf geben. Mit dem Vanillemark, den gehackten Walnüssen und dem Zwetschgenwasser vermischen und bei milder Hitze einkochen lassen, bis die Flüssigkeit verdampft ist. Auskühlen lassen.

Den Nudelteig sehr dünn ausrollen und halbieren. Auf eine Hälfte die Pflaumenfüllung häufchenweise verteilen, die Ränder mit Eigelb bestreichen, die zweite Teigbahn darüber legen und kleine Maultaschen abtrennen. In kochendem Salzwasser ca. 5 Minuten garen.

Dazu passt:

In Butter gebräunte Brösel, mit Zimt und Zucker bestreut, und Pflaumenhälften, die kurz in etwas Butter, Zucker und Rotwein glaciert werden.

Variante:

Eine Apfelfüllung: Dafür etwas Butter und Zucker karamellisieren lassen, geschälte Apfelstücke kurz anbraten, gehackte Mandeln und Rosinen zugeben, mit Calvados ablöschen und einkochen lassen.

Maultaschen vom Feinsten

Die Maultasche hat Karriere gemacht und ihr altes Resteverwertungsimage längst verloren. Sie sorgt nicht nur in verschiedenen Variationen für Abwechslung auf dem heimischen Speisezettel, sondern inspiriert Köche mit und ohne Sterne zu kulinarischen Highlights, wie die kleine Auswahl an Rezepten auf den folgenden Seiten beweist.

Schwäbische Hochzeitssuppe

Zutaten

1 l Rinderbrühe
8 kleine Maultäschle
(Teig aus 100 g Mehl, Rezept siehe z.B. Seite 15)

Für die Grießklößchen:
50 g Butter
1 Ei
100 g Hartweizengrieß
Salz, Pfeffer, Muskat

Für die Flädle:
100 g Mehl
1/2 l Milch
2 Eier
Salz, Muskat

Zubereitung

Die Maultäschle nach Rezept zubereiten und in kochendem Salzwasser 5–10 Minuten ziehen lassen.

Für die Klößchen die Butter schaumig schlagen, das Ei und den Grieß untermischen und die Masse etwas ziehen lassen. Dann kleine Nocken abstechen und in kochendem Salzwasser ca. 10 Minuten ziehen lassen.

Für die Flädle aus den Zutaten einen glatten Teig rühren und anschließend in einer Pfanne in etwas Fett sehr dünne „Flädle" – die Pfannkuchen – ausbacken. Auskühlen lassen und in dünne Streifen schneiden.

Maultäschle, Flädle und Grießklößchen in der heißen Fleischbrühe anrichten, mit Schnittlauch garnieren.

In früheren Jahrhunderten gab es gesetzliche Vorschriften, wie viele Gänge ein Hochzeitsmenü haben durfte – um zu verhindern, dass der einfache Bürger sich bei diesen Festivitäten finanziell verausgabte. Deshalb fiel die Suppe besonders opulent aus, auch Markklößchen, kleine Brätknödel oder Fleischstrudel findet man als Einlage. Man wollte ja schließlich zeigen, was man sich leisten konnte.

Blütensalat mit Ziegenquark-Maultaschen

Zutaten

Für den Salat:
10 Blätter Batavia
8 Blätter Friséesalat
je 8 Blätter Eichblattsalat hell und dunkel
1 Bund Brunnenkresse
12 Kapuzinerkresse-Blüten
12 Borretsch-Blüten
4 blühende Thymianzweige
1 Bund Schnittlauch
2 EL Weißweinessig
5 EL Olivenöl
1 fein gehackte Schalotte
Salz, Pfeffer, Zucker, Senf

Für die Käsemaultaschen:
200 g Ziegenquark
5 Eigelb, 50 g Butter
80 g Weißbrotbrösel (ohne Rinde)
1/2 Bund Schnittlauch
1/2 Bund glatte Petersilie
Salz, Pfeffer
Teig von 200 g Mehl (Rezept siehe Seite 26)
1 Eigelb

Zubereitung

Den Ziegenquark mit der weichen Butter und den Eigelb zu einer glatten Masse verarbeiten, die Brotbrösel und die gehackten Kräuter untermischen und mit Salz und Pfeffer würzen.

Den Nudelteig ausrollen, die Ränder mit Eigelb bestreichen, mit der Quarkmasse füllen, Teigbahn zusammenklappen und Maultaschen abtrennen. In kochendem Salzwasser ca. 10 Minuten ziehen lassen.

Die Salatblätter waschen und mit den Blüten anrichten. Aus Weinessig, Olivenöl, der fein gehackten Schalotte, Salz, Pfeffer, Zucker und Senf eine Vinaigrette rühren und über den Salat geben. Mit den warmen Maultaschen servieren.

Nach Belieben mit Tomatenwürfeln und etwas Pesto (fertig gekauft oder aus Olivenöl, Basilikum, Knoblauch, Pecorino und Pinienkernen selbst gemacht) garnieren.

Hähnchenmaultaschen auf Gemüsestreifen mit Balsamicoglace

Zutaten

350 g Hähnchenbrustfilet
je $^1/_4$ rote, grüne, gelbe Paprikaschote
1 Schalotte, 1 Knoblauchzehe
30 g Ingwerwurzel
2 Eigelb
Salz, Pfeffer
etwas frischen Koriander
Nudelteig (Rezept siehe Seite 26)
1 Eigelb

Für das Gemüse:
100 g Karotten, 100 g Staudensellerie, 100 g Lauch
Salz, Pfeffer
2 EL Öl

Für die Saucen:
1 Schalotte, 1 Knoblauchzehe
1 EL Öl
2 Stängel Zitronengras
einige Zweige Thymian
100 ml Geflügelbrühe
60 ml Weißwein
etwas weißer Balsamico
50 ml Sahne
Salz, Pfeffer
20 g Zucker
100 ml alter dunkler Balsamico
1 EL Orangensaft

Zubereitung

Hähnchenbrustfilet durch den Fleischwolf drehen. Paprika, Schalotten, Knoblauch, Ingwer schälen und fein würfeln und in Öl anbraten. Abkühlen lassen, mit den Eigelb und dem gehackten Koriander unter die Hähnchenfarce mischen, salzen und pfeffern.

Gemüse putzen, waschen und in Streifen schneiden, in Öl dünsten, salzen und pfeffern.

Für die helle Sauce die Schalotte würfeln, Knoblauch hacken und in Öl andünsten. Geschnittenes Zitronengras und Thymian zugeben, mit dem Wein und dem Balsamico ablöschen, Brühe zugeben und auf $^1/_3$ reduzieren. Sahne zugießen und noch mal einkochen lassen. Den Fond passieren, würzen und kurz vor dem Servieren schaumig aufmixen.

Für die dunkle Balsamicoglace Zucker in einem kleinen Topf karamellisieren lassen, mit Orangensaft und dem Balsamico ablöschen und reduzieren.

Nudelteig dünn ausrollen, Farce darauf verteilen, Ränder freilassen und mit Eigelb besteichen, Teig übereinander klappen, Maultaschen formen und in kochendem Salzwasser ca. 8–10 Minuten garen.

Die Maultaschen auf den Gemüsestreifen anrichten, mit der Sauce und der Balsamicoglace überziehen.

Ein Rezept von 2-Sterne-Koch Hans-Paul Steiner, der aus dem schwäbischen Remstal, über Umwege in die Schweiz, London und Paris, nach Sulzburg ins Markgräfler Land emigrierte, wo er den „Hirschen“ zu einer der ersten kulinarischen Adressen Deutschlands gemacht hat.

Entenmaultäschle mit Gänseleber und Trüffel

Zutaten

2 Barbarie-Enten
1 Brötchen
1 Ei
$^1/_4$ Stange Lauch
1 kleine Zwiebel
1 kleines Bund Petersilie
100 g geräucherte Entenbrust
100 g Gänsestopfleber
ca. 30 g Butter
Salz, Pfeffer, Macis
Nudelteig (Rezept siehe Seite 26)

Für die Entenbrühe:
1 kleine Karotte
80 g Sellerieknolle
1 mittelgroße Zwiebel
1 l Geflügelbouillon
1 Eiweiß
5 Pfefferkörner
1 Knoblauchzehe
1 Lorbeerblatt
1 Zweig Thymian
Salz
50 ml Trüffelsaft
2–3 TL frische Butter
40 g frische Perigord-Trüffel

Zubereitung

Barbarie-Enten auslösen (3 Brüste für spätere Verwendung beiseite legen). Die Keulen von Haut, Sehnen und Knochen befreien, von einer Entenbrust die Haut entfernen. Das Fleisch in Würfel schneiden, mit Salz, Pfeffer und Macis würzen und für $^1/_2$ Stunde in das Tiefkühlfach stellen. Dann durch die feine Scheibe des Fleischwolfs drehen und im Kühlschrank kalt stellen.

Brötchen in Wasser einweichen und gut ausdrücken. Mit dem Ei vermengen und kalt stellen. Lauch in kleine Stücke schneiden. Petersilie fein hacken. Zwiebel schälen und würfeln. Geräucherte Entenbrust in Streifen schneiden. Gemüse und Entenbrust in Butter anschwitzen, durch die feine Scheibe des Fleischwolfs drehen und kalt stellen. Danach alle Zutaten zu einer homogenen Masse verarbeiten und würzen. Die rohe Gänsestopfleber in 1 cm große Würfel schneiden, kurz anbraten und kalt unter die Farce mengen.

Die Karkassen und Keulenknochen kleinhacken. Die Haut der Keulen und Brüste anbraten, bis das Fett ausgelassen ist. Die Haut herausnehmen, die Entenknochen im Fett leicht anrösten. Das Röstgemüse (Karotte, Sellerie und Zwiebel) würfeln und dazugeben. Ebenfalls leicht anrösten und mit Geflügelbouillon auffüllen. Die 3 Entenbrüste durch den Fleischwolf drehen, mit einigen Eiswürfeln und dem Eiweiß vermengen und in die Brühe geben. Gewürze dazugeben, unter Rühren zum Kochen bringen, ca. 1 $^1/_2$ Stunden köcheln lassen. Durch ein Tuch passieren, mit Salz abschmecken.

Aus dem Teig und der Farce kleine Maultaschen formen, ca. 3 Minuten in kochendes Salzwasser legen. Herausnehmen, abtropfen lassen und in tiefen Tellern anrichten.

In die kochende, gut abgeschmeckte Entenbrühe 50 ml Trüffelsaft und 2–3 TL frische Butter mit dem Mixstab einmixen, über die Maultaschen gießen. Perigord-Trüffel in ganz dünnen Scheiben darüber hobeln.

Wildhasen-Maultaschen mit gebratenen Steinpilzen

Zutaten

Für die Sauce:
2 Wildhasenkeulen mit Knochen
100 g Bouquet garni (Karotte, Lauch, Sellerie)
2 Wacholderbeeren
1 Nelke
2 Pfefferkörner
$^1/_2$ Lorbeerblatt
1 kleiner Thymianzweig
2 EL Öl
1 TL Tomatenmark
1 TL Johannisbeergelée
50 ml Portwein, 50 ml Rotwein
100 ml Sahne

Für die Maultaschen:
200–250 g Wirsingblätter
40–50 g Walnüsse
50 g gerauchte Wildsalami
200 g Wildhasenfleisch (Keule oder Schulter ohne Sehnen)
1 Ei
Nudelteig (Rezept siehe Seite 26)
1 Eigelb
400 g frische Steinpilze (bzw. Pilze nach Saison)
1 Schalotte
30 g Butter
etwas Blattpetersilie
Salz und Pfeffer

Zubereitung

Hasenkeulen auslösen, von Haut und Sehnen befreien. Knochen hacken, mit den Abschnitten, dem Bouquet garni und Kräutern einen Wildfond (ca. 250 ml) kochen. Hasenfleisch in $^1/_2$ x $^1/_2$ cm große Würfel schneiden.

Die Würfel der Wildhasenkeule, mit Salz und Pfeffer gewürzt, in etwas Öl braun anbraten. Tomatenmark und Johannisbeergelee zugeben. Das Ganze glacieren, dabei immer wieder mit Rotwein und Portwein ablöschen. Mit Wildfond und restlichem Wein auffüllen. Die Keulenwürfel weich kochen, auf ein Sieb schütten und erkalten lassen. Die Sauce mit Sahne sämig einkochen und abschmecken.

Wirsingblätter blanchieren, abkühlen, in kleine Würfel schneiden. Mit Butter und etwas Fond weich dünsten und abschmecken. Walnüsse goldbraun rösten, grob hacken. Wildsalami in feine Würfel, ca. 2 x 2 mm, schneiden. Das Fleisch für die Farce durch den Fleischwolf drehen (grobe Schrotscheibe) und mit den Keulenwürfeln, dem gedämpften Wirsing, den gerösteten Nüssen, dem Ei und den Salamiwürfeln vermengen und würzen.

Den Nudelteig hauchdünn ausrollen und darauf die Füllung gleichmäßig verteilen. Die Teigränder mit Eigelb bestreichen und das Ganze zusammenrollen. Die Maultaschen formen, abdrücken und mit dem Teigroller schneiden. In stark gewürztem Wasser garen.

Die Steinpilze putzen und trocken abreiben. Die Schalotte fein würfeln. Die halbierten bzw. in Scheiben geschnittenen Pilze mit den Schalottenwürfeln in Butter, gewürzt mit Salz und Pfeffer, goldbraun braten.
Zum Schluss gehackte Petersilie unterschwenken.

Sauce erhitzen, kurz mixen und auf heiße Teller verteilen. Die Maultaschen aus dem Sud nehmen, abtropfen lassen und auf die Sauce setzen. Darüber die gebratenen Pilze verteilen und sofort servieren.

Das Lieblings-Herbstrezept von Martin Öxle, dem ehemaligen Patron der „Speisemeisterei“ am Schloss Hohenheim bei Stuttgart, der – als Schwabe – privat auch die ganz „klassischen“ Maultaschen mit Zwiebelschmälze, Schnittlauch, Bratensauce und Kartoffelsalat liebt.

Eine 3-Sterne-Maultasche von Deutschlands bestem Koch Harald Wohlfahrt, Küchenchef der „Schwarzwaldstube“ im Hotel „Traube Tonbach“ in Baiersbronn.

Maultaschen mit Kalbsbriesfüllung, Pfifferlingen und Steinpilzen an Petersiliensauce

Zutaten

2 Kalbsbries à 150 g
1/2 l heller Kalbsfond
100 ml Weißwein (trockener Riesling)
100 g Kalbfleisch
1 Eiweiß
80 ml Sahne
50 g Pfifferlinge, 50 g Steinpilze
1 Schalotte
1 Knoblauchzehe
10 g Butter
10 g Petersilie
Salz und Pfeffer aus der Mühle
Nudelteig (Rezept siehe Seite 26)
1 Eigelb

Für die Sauce:
150 g Blattpetersilie
1 Kartoffel
1 Schalotte
1 Knoblauchzehe
100 g Butter
50 ml trockener Weißwein
100 ml heller Kalbsfond
100 g Pfifferlinge
100 g Steinpilze
gezupfte Petersilienblätter

Zubereitung

Bries häuten und 6 Stunden wässern. Den hellen Kalbsfond mit Weißwein aufkochen, leicht salzen und das Bries hinzufügen. Einmal aufkochen und 15 Minuten ziehen lassen. Erkalten lassen. Das gut gekühlte Kalbfleisch in Würfel schneiden, salzen, pfeffern und in der Moulinette fein pürieren. Zuerst das Eiweiß, dann nach und nach die Sahne hinzufügen. So lange pürieren, bis eine homogene Farce entsteht. Die Farce durch ein Haarsieb streichen.

Pfifferlinge und Steinpilze waschen, trocknen und fein würfeln. Die Schalotte ebenfalls in Würfel schneiden. Knoblauchzehe hacken. Butter in einer Pfanne aufschäumen. Steinpilze, Pfifferlinge, Schalotte und Knoblauch unterrühren. Alles eine Minute andünsten und anschließend erkalten lassen. Bries in feine Würfel schneiden. Petersilie fein hacken. Die Kalbfleischfarce mit den Pilzen, Brieswürfeln und fein gehackter Petersilie vermischen. Mit Salz und Pfeffer aus der Mühle abschmecken.

Den Maultaschenteig dünn ausrollen, mit Eigelb bestreichen, halbieren und Brieshäufchen darauf legen. Mit der zweiten Teigbahn bedecken und gut andrücken. Die Maultaschen mit einem Teigroller ausrädeln. Für die Sauce die Petersilie fein hacken. Die Kartoffel, die Schalotte und die Knoblauchzehe klein schneiden. Die Pilze putzen und in Scheiben schneiden. Petersilie, Kartoffelwürfel, fein geschnittene Schalotten und Knoblauch in der Butter andünsten und mit Weißwein und Kalbsfond aufgießen. Bei milder Hitze köcheln lassen, bis die Kartoffeln weich sind. Die Sauce pürieren und durch ein Sieb passieren. Pfifferlinge und Steinpilze in der restlichen Butter anschwitzen, mit Salz und Pfeffer würzen, mit der Sauce aufgießen und einmal aufkochen lassen.

Maultaschen im kochendem Kalbsfond 8–10 Minuten garen, abtropfen lassen und auf vorgewärmten Tellern anrichten, mit der Pilzsauce übergießen und mit einigen zurückbehaltenen Petersilienblättern garnieren.

Ochsenschwanzmaultaschen

Zutaten

Für das Ochsenschwanz-Ragout:
2 kg Ochsenschwanz
60 g Pflanzenfett
10 Pfefferkörner
2 Pimentkörner
200 g Röstgemüse (2/3 Zwiebel, Karotte, Sellerie)
80 g Tomatenmark
etwas Mehl
400 ml Rotwein
100 ml Balsamessig
2 l Kalbsfond
1 Gewürzbeutel (Lorbeerblatt, Thymian, Knoblauchzehen, Petersilienwurzel)

Für die Maultaschen:
die Hälfte des Ochsenschwanzfleisches
50 g Gemüsewürfel (Lauch, Karotte, Sellerie)
100 g Geflügelfarce oder Brät
Madeira, Sherry
Salz und Pfeffer aus der Mühle
einige Blätter Petersilie
Nudelteig (Rezept siehe Seite 26)
1 Eigelb

Zutaten

Ochsenschwanz zerteilen, salzen und in Pflanzenfett kräftig anbraten. Pfeffer- und Pimentkörner zerdrücken und dazugeben. Fett abgießen und mehrmals mit Wasser ablöschen.

Zwiebel, Karotte und Sellerie waschen, klein schneiden und mit dem Tomatenmark zum Ochsenschwanz geben. Mit etwas Mehl bestäuben, mit Rotwein und Balsamessig ablöschen und reduzieren lassen. Mit Kalbsfond auffüllen und im Ofen zugedeckt ca. 3 Stunden bei mäßiger Hitze schmoren lassen. Nach ca. 2 1/2 Stunden den Gewürzbeutel dazugeben. Die weich geschmorten Ochsenschwanzstücke herausnehmen, abkühlen lassen und das Fleisch von Knochen und Knorpel lösen. Den Fond fein passieren und mit den ausgelösten Knochen auf die gewünschte Konsistenz einkochen, überschüssiges Fett abschöpfen und nochmals passieren.

Die Hälfte des weich geschmorten Ochsenschwanzes fein würfeln. Gemüsewürfel in etwas Butter andünsten. Petersilie fein hacken. Geflügelfarce oder Brät, Ochsenschwanzwürfel, Gemüsewürfel, Petersilie, 4 EL von der stark reduzierten Ochsenschwanzsauce, etwas Madeira und Sherry vermengen, mit Salz und Pfeffer abschmecken.

Nudelteig dünn ausrollen, die Füllung aufstreichen, Ränder mit Eigelb bestreichen, einrollen, mit einem kleinen Kochlöffelstiel Maultaschen abdrücken und abschneiden. In Salzwasser ca. 6–8 Minuten garen.

Die Maultaschen mit jungem glacierten Gemüse und der Ochsenschwanzsauce anrichten. Eventuell gefüllten Ochsenschwanz dazu servieren. Dafür das ausgelöste Fleisch in kleinen Ringen auslegen, in der Mitte eine Semmelknödelmasse einspritzen und kalt stellen. Ringe entfernen, mit etwas Schweinenetz einwickeln und langsam in Butterschmalz braten.

Ein Rezept von Sterne-Koch Franz Feckl, der im „Landhaus Feckl“ in Ehningen bei Stuttgart seine Gäste verwöhnt. Und wenn einer weiß, wie man aus Ochsenschwanz kulinarische Köstlichkeiten zaubert, dann ist es Franz Feckl!

Peter Auer, seit 2005 an der DEHOGA Akademie Baden-Württemberg tätig, hat für uns – richtig deftig, aber exquisit – Kartoffelmaultaschen gekocht, die auch als badische Maultaschenvariante gelten.

Kartoffel-Blutwurst-Maultaschen auf Sauerkraut mit weißer und dunkler Balsamicosauce

Zutaten

Für die Maultaschen:
200 g mehlige Kartoffeln
ca. 50 g Mehl
2 Eier, 1 Eigelb, 20 g Butter
Muskatnuss, Salz und Pfeffer
1 kleine Zwiebel, etwas Majoran
200 g gerauchte Schwarzwurst

Für das Sauerkraut:
1 Zwiebel
400 g Sauerkraut
Gewürzbeutel mit 6 Wacholderbeeren, 1 Lorbeerblatt,
10 Pfefferkörner, 1 Msp. Kümmel
1 EL Butter
Zucker, Salz, Pfeffer

Für die Saucen:
1 große Schalotte
etwas Butter
40 ml weißer Balsamico
200 ml kräftige Geflügelbrühe
200 ml Sahne
1 EL Zucker, 40 ml dunkler Balsamico, 100 ml roter Portwein,
100 ml kräftiger Rotwein
1 EL Butter, Salz, Pfeffer
50 g magerer, gerauchter Bauch
1 Apfel, 1 Kartoffel, 1 Zwiebel
1 TL Petersilie, 1 EL Pinienkerne
1 TL Butaris

Zubereitung

Die Kartoffeln am Vortag schälen und kochen. Die gekochten Kartoffeln durch die Presse drücken und mit Mehl, 1 Ei, Eigelb und flüssiger Butter zu einer kompakten Masse verarbeiten. Mit Salz, Pfeffer und Muskat würzen.

Gehackte Zwiebel und Majoran in Butter anschwitzen. Blutwurst klein schneiden, mit 2 EL Wasser zu den Zwiebeln geben, vorsichtig schmelzen lassen. Teig ca. 2–3 mm dick ausrollen, mit runder Form (Ø 10 cm) ausstechen. Mit Ei bestreichen und mit 1 TL ausgekühlter Blutwurst belegen, einschlagen und die Öffnung mit den Fingern gut zusammendrücken.

Zwiebel in feine Streifen schneiden, in Butter anschwitzen. Das Sauerkraut kalt abwaschen und dazugeben. Mit Weißwein ablöschen, 3 EL Wasser und den Gewürzbeutel zugeben. Ca. 40 Minuten langsam köcheln lassen. Mit Salz, Pfeffer und Zucker abschmecken.

Für die helle Sauce die gewürfelte Schalotte in Butter anschwitzen. Mit weißem Balsamico und Geflügelbrühe aufgießen und auf die Hälfte einkochen. Mit der Sahne auffüllen und wieder einkochen, bis man eine sämige Sauce erhält. Mit dem Mixstab schaumig aufschlagen und abschmecken.

In einer Kasserolle den Zucker karamellisieren, mit dunklem Balsamico ablöschen und mit Portwein und Rotwein auffüllen. Auf $^1/_4$ reduzieren. Zum Schluss unter ständigem Schwenken die Butter untermontieren und mit Salz und Pfeffer abschmecken.

Gerauchten Bauch, Apfel und Kartoffel und Zwiebel in $^1/_2$ cm große Würfel schneiden und mit den Pinienkernen in Butaris goldbraun anrösten. Zum Schluss die feingehackte Petersilie dazugeben.

Die Maultaschen in Salzwasser ca. 5 Minuten kochen, herausnehmen und mit dem Sauerkraut, den Saucen und der Garnitur anrichten.

Schinken-Mangold-Maultaschen mit Spargel

Zutaten

Für die Maultaschen:
300 g Mangold
2 Schalotten
1 EL Butter
100 g gekochter Schinken
100 g Kalbfleisch oder Hähnchenbrustfilet
1 Eiweiß
80 ml Sahne
Salz, Pfeffer
Nudelteig (Rezept siehe Seite 26)
1 Eigelb

Für das Gemüse und die Sauce:
800 g Spargel
1 Schalotte
etwas Butter
$^1/_8$ l Weißwein
160 g Sahne
40 g Crème fraîche
Salz, weißer Pfeffer, Muskat
etwas Zitronensaft
2 Mangoldblätter

Zubereitung

Mangold waschen, nur die grünen Blätter verwenden und in feine Streifen schneiden. In Salzwasser blanchieren, kalt abschrecken und abtropfen lassen. Schalotte fein hacken und in Butter andünsten. Auskühlen lassen.

Den gekochten Schinken in kleine Würfelchen schneiden. Das gut gekühlte Fleisch pürieren, das Eiweiß und die Sahne unterrühren. Mit den gedünsteten Schalotten und den Mangoldstreifen zu einer Farce verarbeiten, salzen und pfeffern.

Nudelteig dünn ausrollen, Masse aufstreichen, Ränder freilassen und mit Eigelb bestreichen, Teig übereinander schlagen und Maultaschen abtrennen. In kochendem Salzwasser ca. 10 Minuten ziehen lassen.

Spargel schälen und in Salzwasser mit 1 Prise Zucker und etwas Butter garen. Herausnehmen und warm stellen.

Die Schalotte in Butter anschwitzen, mit etwas Spargelfond und Weißwein ablöschen und einkochen lassen. Sahne und Crème fraîche zugeben und auf $^1/_3$ reduzieren. Mit Salz, Pfeffer, Muskat und Zitronensaft abschmecken. Vor dem Servieren mit dem Mixstab aufschäumen.

Spargelstangen mit blanchierten Mangoldstreifen zusammenbinden, mit den Maultaschen und der Sauce anrichten.

Schwabenteller

Zutaten

8 Schweinemedaillons (à 70 g)
Öl zum Braten
8 kleine Maultaschen (Rezept siehe z. B. Seite 15)

Für die Champignon-Rahmsauce:
120 g Champignons
1 Schalotte
1/4 l Sahne
2–3 EL Bratensauce
etwas Weißwein
1 TL Butter

Für die Spätzle:
350 g Weizenmehl
4 Eier
Salz
etwas Butter

Für die Trollinger-Butter:
1 EL Zucker
1/2 l Trollinger
1 EL Butter
Salz, Pfeffer

Zubereitung

Die Schweinemedaillons in Öl ca. 5 Minuten braten, herausnehmen. Etwas Butter in die Pfanne geben, die Schalotte darin anschwitzen, die in Scheiben geschnittenen Champignons dazugeben, mit Weißwein ablöschen, etwas Bratensauce dazugeben und mit Sahne aufgießen. Leicht köcheln lassen, durch ein Sieb geben und die aufgefangenen Champignons beiseite stellen. Die Sauce mit dem Mixstab schaumig rühren, die Schweinemedaillons und die Pilze vor dem Anrichten nochmals kurz darin erhitzen.

Die kleinen Maultaschen nach Rezept zubereiten und in kochendem Salzwasser 5–10 Minuten ziehen lassen.

Für die Spätzle aus den Zutaten einen Teig herstellen und so lange rühren, bis er Blasen wirft. Den Teig portionsweise auf ein Spätzlebrett geben und die Spätzle in kochendes Salzwasser schaben oder den Teig durch eine Spätzlespresse drücken. Die Spätzle sind gar, wenn sie obenauf schwimmen. Herausnehmen, abtropfen lassen und in etwas Butter schwenken.

Für die Trollinger-Butter den Zucker karamellisieren, mit Trollinger ablöschen und sirupartig einkochen lassen. Zum Schluss die weiche Butter unterschwenken.

Die Medaillons mit den Maultaschen und den Spätzle anrichten, mit der Champignon-Rahmsauce und der Trollinger-Butter servieren.

Schnecken-Steinbutt-Maultaschen auf gebratenem Thai-Spargel

Zutaten

60 g Weinbergschnecken
1 Karotte
2 Stangen Frühlingslauch
1 Schalotte
1 Petersilienwurzel
2 Knoblauchzehen
2 EL Olivenöl
20 ml Riesling
1 TL gehackter Rosmarin
1 EL gehackte Petersilie
150 g Steinbuttfilet
1 l Fischfond
100 g braune Butter
Salz und Pfeffer aus der Mühle
Nudelteig (Rezept siehe Seite 26)
1 Eigelb

Für den Spargel:
200 g Thai-Spargel
2–3 EL Olivenöl
1 Zweig Rosmarin
1 Schalotte
Salz, Pfeffer

Zubereitung

Die Schnecken kleinhacken und zur Seite stellen. Die Karotte schälen und in kleine Würfel schneiden. Den Frühlingslauch, die Schalotte, die Petersilienwurzel und den Knoblauch klein schneiden.

In einer Pfanne Olivenöl erhitzen und alle Zutaten außer den Schnecken glasig schwitzen. Die klein gehackten Schnecken dazugeben und mit Riesling ablöschen. Ca. 5 Minuten einkochen lassen. Dann alles in eine Schüssel geben und mit den fein gehackten Kräutern vermengen. Den Steinbutt in kleine Würfel schneiden und zu der Schneckenfüllung geben. Mit Salz und Pfeffer abschmecken.

Den Nudelteig dünn ausrollen und Rechtecke von etwa 6 x 12 cm Größe ausrädeln. Die Teigränder mit Eigelb bestreichen und einen EL der Schnecken-Steinbutt-Masse 1 cm vom Rand entfernt auf die Teigstücke geben. Die Maultaschen zuklappen und mit den Fingern gut andrücken. In kochendem Fischfond bei kleiner Hitze 10 Minuten ziehen lassen.

Thai-Spargel waschen und in einer Pfanne mit Olivenöl, dem Rosmarinzweig und der halbierten Schalotte anbraten. Mit Salz und Pfeffer würzen und auf die Teller verteilen. Die Maultaschen darauf setzen, etwas braune Butter darüber geben und mit Petersilie und Rosmarin garnieren.

Maultaschen – jung, wild, genial.
Ein Rezept von Steffen Sonnenwald,
einem der „Jungen Wilden“,
der neuen Generation von
Deutschlands Starköchen.

Rotbarschmaultaschen mit Safranschaum

Zutaten

400 g Rotbarschfilet
1 Eiweiß
150 ml Sahne
50 g gemischte Kräuter
Salz, Pfeffer
etwas Zitronensaft
Nudelteig (Rezept siehe Seite 26)
1 Eigelb
300 g Kaiserschoten

Für die Sauce:
1 Schalotte
etwas Butter
$^1/_4$ l Fischfond
$^1/_8$ l Weißwein
20 ml Noilly Prat
$^1/_8$ l Sahne
1 Msp. Safranpulver
8 Fäden Safran
1 Tomate
Salz, Pfeffer

Zubereitung

Fischfilet würfeln und im Tiefkühlfach gut kühlen. Danach salzen, pfeffern, mit dem Eiweiß, der gut gekühlten Sahne und den gehackten Kräutern zu einer homogenen Farce pürieren. Mit Salz, Pfeffer und Zitronensaft abschmecken und 30 Minuten in den Kühlschrank stellen.

Nudelteig dünn ausrollen, Füllung darauf verteilen, Ränder frei lassen und mit Eigelb bestreichen, Teig zusammenklappen und Maultaschen formen.

Für die Sauce die Schalotte würfeln und in Butter andünsten. Mit Fischfond, Noilly Prat und Sahne aufgießen und auf $^1/_3$ reduzieren. Safran und Safranfäden zugeben, mit Salz und Pfeffer würzen. Kurz vor dem Servieren schaumig aufmixen und die in kleine Würfelchen geschnittene enthäutete und entkernte Tomate dazugeben.

Die Kaiserschoten in Salzwasser blanchieren und in Streifen schneiden.

Die Maultaschen in kochendem Salzwasser ca. 5 Minuten ziehen lassen. Herausnehmen, abtropfen lassen und auf den Kaiserschoten anrichten. Mit der Sauce servieren.

Wirsingmaultäschle mit Zanderfilet in Rieslingsauce

Zutaten

600 g Zanderfilet
500 g Wirsing
1 TL Butter
1 Eiweiß
80 ml Sahne
1 Tl gehackter Dill
etwas Noilly Prat
etwas Zitronensaft
Salz, Pfeffer, Tabasco
Nudelteig (Rezept siehe Seite 26)
1 Eigelb

Für die Sauce:
1 Schalotte
1 El Butter
$^1/_2$ l Fischfond
60 ml Riesling
50 g Butter
Salz, Pfeffer,
50 g durchwachsener Bauchspeck
Öl und Butter zum Braten

Zubereitung

4 Zanderfilets à 120 g schneiden, den Rest würfeln, gut kühlen und für die Fischfarce verwenden.

Wirsing in Streifen schneiden, in Salzwasser kurz blanchieren, abtropfen lassen. Etwa 100 g davon sehr fein hacken, in etwas Butter anbraten, mit Salz, Pfeffer abschmecken und abkühlen lassen.

Zanderfiletwürfel mit dem Eiweiß, der Sahne und dem Dill zu einer Farce pürieren, salzen, pfeffern, mit Zitronensaft, Tabasco und Noilly Prat abschmecken, den fein gehackten Wirsing untermischen. Kühl stellen.

Den Nudelteig dünn ausrollen, die Füllung darauf verteilen, die Ränder freilassen und mit Eigelb bestreichen. Teig übereinander klappen und kleine Maultäschle abtrennen.

Schalotte fein würfeln und in Butter andünsten, mit Fischfond und Riesling ablöschen, auf $^1/_3$ reduzieren und mit eiskalter Butter montieren, bis die Sauce eine sämige Konsistenz hat. Mit Salz und Pfeffer abschmecken.

Die Zanderfilets in Öl auf der Hautseite langsam braten, zwischendurch mit dem Fett übergießen.

Speck würfeln und in einer kleinen Pfanne knusprig braten. Die restlichen Wirsingstreifen in Butter dünsten, salzen und pfeffern.

Die Maultäschle in Salzwasser ca. 5 Minuten garen, herausnehmen und abtropfen lassen. Auf dem gedünsteten Wirsing mit dem Zanderfilet anrichten, mit der Sauce umgießen und mit den Speckwürfelchen garnieren.

Leichter Genuss: Der „PfundsKur"-Koch Ewald Braden hat dieses exquisite Maultaschenrezept beigesteuert.

Hechtmaultaschen mit Zucchini

Zutaten

400 g Hechtfilet
1 Brötchen vom Vortag
150 ml süße Sahne
100 ml Milch
1 Eiweiß
Salz, Pfeffer,
2 Zucchini

Für die Sauce:
1 Schalotte
100 ml Weißwein
100 ml Fischfond
1 EL geschlagene Sahne
1 Fleischtomate
1 EL Butter
Nudelteig (Rezept siehe Seite 26)
1 Eigelb

Zubereitung

Das Fischfilet waschen, 100 g davon beiseite stellen. Den Rest in 1 cm große Würfel schneiden und in einem hohen, schmalen Gefäß in das Tiefkühlfach stellen. Brötchen ohne Kruste in dünne Scheiben schneiden. Die Sahne mit der Milch leicht erwärmen, die Brötchenscheiben darin einweichen und auch in das Tiefkühlfach stellen.

Nach 30 Minuten Fisch und Brötchen aus dem Tiefkühlfach nehmen. Brötchen zum Fisch in das hohe Gefäß geben, das Eiweiß dazugeben, salzen und pfeffern. Mit dem Mixstab auf höchster Stufe alles zu einer homogenen Farce verarbeiten. Nicht zu lange bearbeiten, damit sie nicht gerinnt. Dann im Kühlschrank kalt stellen.

Das restliche Fischfilet in 16 Würfel schneiden. Nudelteig ausrollen und halbieren. Auf eine Hälfte des Nudelteigs die Fischmasse in 16 Häufchen verteilen. In jedes Häufchen ein Fischstück drücken. Ränder mit Eigelb bestreichen, die andere Hälfte des Teigs darüber legen und zu 16 Maultaschen ausformen. In kochendem Salzwasser ca. 5 Minuten garen.

Zucchini waschen und längs in dünne Scheiben schneiden und eventuell halbieren. $^2/_3$ davon kurz blanchieren und salzen und pfeffern.

Für die Sauce die Schalotte und die restlichen Zucchinischeiben würfeln und in Butter dünsten. Weißwein und Fischfond angießen, einkochen lassen, mit dem Mixstab pürieren und mit Salz und Pfeffer abschmecken. Vor dem Servieren die Sahne unterziehen.

Maultaschen mit den Zucchinischeiben anrichten, mit der Zucchinisauce und in Butter gedünsteten enthäuteten Tomatenwürfeln garnieren.

Hummermaultaschen

Zutaten

2 lebende Hummer (ca. 500 g)
1 Knolle Sellerie, 1 Stange Lauch, 1 Karotte, 1 Zwiebel
jeweils 1 Sträußchen Petersilie und Dill
$^1/_2$ TL Kümmel, Salz

Für die Farce:
200 g Zanderfilet
200 ml Sahne
1 Schuss Weißwein
1 Schuss Noilly Prat
Salz
ca. 80 g Gemüse (fein gewürfelte Karotten, Lauch, Sellerie)
Nudelteig (Rezept siehe Seite 26)
1 Eigelb

Für die Hummersauce:
die Hummerkarkassen
ca. 100 g Gemüse (Zwiebel, Karotten, Sellerie, Lauch)
1 EL Tomatenmark
40 ml Cognac, $^1/_4$ l Weißwein,
$^1/_8$ l Noilly Prat
$^1/_4$ l Sahne
$^1/_4$ l Hummerfond
50 g Butter
3 EL geschlagene Sahne
Dill und Petersilie

Zubereitung

Hummer kopfüber in reichlich kochenden Fond (aus Karotte, Lauch, Sellerie, Salz, Kümmel, Petersilie und Dill zubereitet) geben, 2–3 Minuten kochen lassen und herausnehmen. Ca. $^1/_4$ l Fond für die Sauce zur Seite stellen.

Zanderfilet würfeln und sehr gut kühlen. Sahne, Weißwein, Noilly Prat und Salz zugeben und in einer Küchenmaschine (Moulinette) zu einer homogenen Farce verarbeiten.

Hummer ausbrechen, Schwänze aufbewahren. Scheren und Gelenke in Würfel schneiden. Die Hälfte des Gemüses und die Hummerwürfel unter die Zanderfarce mischen.

Nudelteig ausrollen, Füllung in Häufchen verteilen und 12 Maultaschen in beliebiger Form herstellen.

Zerstoßene Hummerkarkassen in etwas Butter anrösten. Zwiebel, Karotte, Sellerie und das Weiße vom Lauch in groben Würfeln dazugeben und mitrösten. Tomatenmark dazugeben und mit Cognac abflambieren. Mit Weißwein und Noilly Prat ablöschen. Hummerfond und Sahne zugeben und auf $^1/_3$ einkochen lassen. Abschmecken und passieren.

Maultaschen in Salzwasser je nach Größe 4–6 Minuten sieden lassen. Nicht kochen.

Die abpassierte Sauce erwärmen, Butter und 3 EL geschlagene Sahne untermontieren. Schaumig mixen. Den Rest der Gemüsebrunoise sowie die in Medaillons geschnittenen Hummerschwänze dazugeben.

Maultaschen anrichten und mit der Sauce um- und übergießen. Mit den gezupften Kräutern garnieren und servieren.

Ulrich Schilling, lange Jahre Koch und Inhaber des „Waldhorns“ in Bebenhausen, hat uns das Rezept dieser Maultaschen de luxe zur Verfügung gestellt.

Maultaschenauflauf

Zutaten

600 g weiße Maultaschen mit Spinatfüllung (Rezept siehe Seite 49)
200 g grüne Maultaschen mit Fleischfüllung (Rezept siehe Seite 15)
3 Tomaten
2 Schalotten

Für die Bechamelsauce:
35 g Butter
30 g Mehl
1/2 l Milch
Salz, Pfeffer
Muskat
150 g mittelalter Gouda

Zubereitung

Die weißen und grünen Maultaschen nach Rezept herstellen und in kochendem Salzwasser garen.

Die Tomaten kurz ins heiße Wasser tauchen, enthäuten, entkernen und in Streifen schneiden.

Für die Bechamelsauce die Butter in einem Topf zerlaufen lassen, das Mehl darin anschwitzen und die Milch zugießen. Mit Salz, Pfeffer und Muskat würzen und unter Rühren 5 Minuten köcheln lassen.

Die Hälfte der Spinat-Maultaschen in eine gefettete Auflaufform legen. Etwas Bechamelsauce und eine Hälfte der Tomaten darauf verteilen. Eine Schicht weiße Maultaschen darüber legen, wieder Bechamelsauce und Tomaten und darauf die restlichen grünen Maultaschen verteilen Mit einer dünnen Schicht Bechamelsauce bedecken und mit Käse bestreuen. Bei 180 °C ca. 20 Minuten backen.

Mit Tomatensauce (Rezept siehe Seite 114) servieren und mit im Ofen getrockneter Tomatenhaut dekorieren.

Überbackene Maultäschle in Tomatenrahm mit Steinchampignons und Frühlingszwiebeln

Zutaten

Für die Tomatensauce (ca. 1 l):
1 Zwiebel, 1 Karotte
etwas Olivenöl zum Anbraten
1 Knoblauchzehe
1 EL Tomatenmark
1 TL Zucker
20 ml Balsamico-Essig
1 EL Mehl
1 l Fleisch- oder Gemüsebrühe
400 ml geschälte Tomaten aus der Dose
einige Zweige Basilikum
Salz und Pfeffer

Für das Gemüse:
1 Bund Frühlingszwiebeln
200 g kleine Steinchampignons
1 EL Butter
1 kleine Tomate
einige Blätter Basilikum
2 EL geriebener Parmesan
4 EL geschlagene Sahne

24 kleine Maultäschle (mit Fleischfüllung oder vegetarischer Füllung)

Zubereitung

Zwiebel und Karotte schälen, in kleine Stücke schneiden und in einem Topf in Olivenöl anbraten. Knoblauch schälen, hacken und mit Tomatenmark und Zucker ebenfalls dazugeben und mitrösten, bis der Zucker leicht karamellisiert. Mit dem Essig ablöschen und verkochen lassen. Mit Mehl bestäuben und langsam, unter ständigem Rühren mit dem Schneebesen, mit Brühe auffüllen. Dosentomaten und Basilikum dazugeben und auf kleiner Flamme ca. 2 Stunden köcheln lassen. Vorsicht, die Tomatensauce brennt leicht an, immer wieder umrühren. Wenn die Sauce die gewünschte Konsistenz erreicht hat, mit Salz und Pfeffer abschmecken und durch ein feines Sieb passieren.

Das Grüne von den Frühlingszwiebeln in feine Ringe schneiden. Die Steinchampignons vierteln und zusammen mit den Frühlingszwiebeln in Butter langsam farblos anschwitzen. Tomatensauce dazugeben und einmal aufkochen. Tomate in Würfel und Basilikum in feine Streifen schneiden. Tomatenwürfel, Basilikum, Parmesan und geschlagene Sahne dazugeben und leicht verrühren.

Die Maultäschle nach Rezept zubereiten und in kochendem Salzwasser ca. 5 Minuten garen.

Maultäschle auf 4 tiefe Teller verteilen. Die Tomatensauce darüber gießen und im Backofen oder unter dem Grill überbacken.

Nachtisch muss sein! Süße Maultaschen als krönender Abschluss – noch mal ein Rezept von Steffen Sonnenwald.

Aprikosen-Maultaschen mit Eisenkraut

Zutaten

Für die Füllung:
12 reife Aprikosen
$^1/_8$ l Wasser
120 g Zucker
40 ml Aprikosenlikör
1 Bund Eisenkraut
Nudelteig (Rezept siehe Seite 26)
1 Eigelb

Für die Garnitur:
100 g Butter
40 g Biskuitbrösel
2–3 EL Zucker
4 Aprikosen
1 EL Butter
etwas Weißwein
etwas Aprikosenlikör
1 TL Staubzucker
1 TL Honig
4 EL Portwein

Zubereitung

Die Aprikosen waschen, halbieren, entkernen und vierteln. Das Eisenkraut sehr fein hacken. Wasser, Zucker und Aprikosenlikör in einen Topf geben und etwa 20–30 Minuten bei mittlerer Hitze einkochen lassen. Anschließend in eine Schüssel geben und das gehackte Eisenkraut dazugeben.

Den Teig dünn ausrollen und mithilfe eines Teigrades Rechtecke von etwa 6 x 12 cm Größe ausrädeln. Die Ränder des Teigs mit Eigelb bestreichen. Einen EL der Aprikosenmasse 1 cm vom Rand entfernt auf die Teigstücke geben und diese zuklappen. Mit den Fingern gut andrücken. Die Maultaschen in kochendem Zuckerwasser bei kleiner Hitze etwa 10 Minuten sieden lassen.

Die Butter in einer Pfanne zergehen lassen. Zucker und Biskuitbrösel einrühren.

Die 4 Aprikosen in Spalten teilen. Butter erhitzen, Zucker und Honig dazugeben, mit etwas Weißwein und Aprikosenlikör ablöschen und die Aprikosenspalten darin glacieren. Portwein mit 2 EL des Aprikosenfonds reduzieren.

Maultaschen in der Bröselbutter wenden und mit etwas Eisenkraut bestreuen. Mit den Aprikosenspalten und der Portweinreduktion servieren.

Register der Füllungen

Fleisch

Fisch

Vegetarische und süße Füllungen

Rezepteregister

KENNER TRINKEN
WÜRTTEMBERGER
Württembergs
schönstes Abendrot
Jedes Abendrot ist etwas ganz Besonderes, gerade bei uns in Württemberg. Denn ob Lemberger, Trollinger, Schwarzriesling, Spätburgunder, Acolon oder Samtrot, in allen Württemberger Originalen steckt die ganze Erfahrung und Leidenschaft unserer Weingärtner. Überzeugen Sie sich selbst und entdecken Sie Ihren Lieblingswürttemberger – überall, wo es guten Wein gibt. Achten Sie einfach auf den Kennerkopf.
Entdecken Sie die Weine der Württemberger Weingärtnergenossenschaften / www.wwg.de
WÜRTTEMBERGER
ORIGINAL

Auf Entdeckungsreise

Sie trinken gerne Wein? Aber bisher sind Sie von den deutschen Weinen noch nicht überzeugt? Dann wird es Zeit für einen Ausflug in die beliebtesten Weinregionen Deutschlands. Lassen Sie sich von den Tipps zu Winzern, Lieblingsrestaurants und Hotels von Weinfachmann Frank Kämmer anregen und gehen Sie auf Weinreise.

978-3-936682-93-9

978-3-936682-94-6

978-3-936682-22-9

978-3-936682-23-6

Frank Kämmer:

–> Auf Weinreise Pfalz

–> Auf Weinreise Rheingau/ Hessische Bergstraße

–> Auf Weinreise Baden

–> Auf Weinreise Württemberg

je Band 9,90 €

HamppVerlag

Bestellen Sie unter:

Fax: 0711/7 82 92-199 oder info@hamppverlag.de

www.hamppverlag.de